LEXI-HOTEL ESPAGNOL

M.-L. SOBIER - LE POULLOUIN
C. PIERRE

professeurs d'Espagnol
au Lycée d'Etat d'Hôtellerie et de Tourisme
de Saint-Quentin-en-Yvelines

CASTEILLA

AVANT-PROPOS

Ce lexi-hôtel s'adresse aux élèves de l'hôtellerie et de la restauration. Il est utile à tous les niveaux de diplômes : BEP, Bac Professionnel, BTH, BTS.

Il pourra aussi rendre service aux étudiants de tourisme, aux adultes en cours de recyclage et en formation continue, ainsi qu'à tous les professionnels de la restauration et de l'hôtellerie.

L'ouvrage adopte un classement thématique de 7 chapitres, parfois divisés en sous-chapitres, dans lesquels le vocabulaire est classé autant que possible par ordre alphabétique. Chaque fin de chapitre regroupe un exemple de phrases simples, d'utilité courante.

Bien évidemment ce livre ne prétend pas être exhaustif, chacun en fera un outil de travail pratique et efficace en retranchant ou complétant selon ses besoins.

Les auteurs

LA CLIENTELA	LA CLIENTELE	

EL PERSONAL	LE PERSONNEL	

BAR CAFETERIA — BAR CAFETERIA

HOTELERIA

EL HOTEL	L'HOTEL
una **cadena**	une chaîne
la **categoría,** la **clasificación**	la catégorie, le classement
un **hotel de categoría**	un hôtel de classe
una **estrella**	une étoile
el **lujo**	le luxe
una **red**	un réseau
el **albergue**	l'auberge
juvenil,	de jeunesse
rural	le gîte rural
el **apartamento**	l'appartement
la **casa de labranza**	le logement à la ferme
la **fonda**	l'hôtel modeste
el **hotel**	l'hôtel
el **hostal**	l'hôtel de moindre catégorie
la **infraestructura hotelera**	le parc hôtelier
el **motel**	le motel
el **parador**	le parador
la **red de paradores**	la chaîne de paradors
la **pensión**	la pension

pensión completa	pension complète
media pensíon	demi-pension
la **planta hotelera**	le parc hôtelier
la **posada**	le petit hôtel
la **residencia hotelera**	la résidence hôtelière
el **rascacielos**	le gratte-ciel
un **hotel**	un hôtel
acogedor	accueillant
anticuado	vieillot
bien comunicado	bien desservi
céntrico	central
cómodo	confortable
de fácil acceso	facile d'accès
lujoso	luxueux
moderno	moderne
poco recomendable	peu recommandable
prestigioso	prestigieux
sencillo	simple
sucio	sale
suntuoso	somptueux
de 3 estrellas	3 étoiles
de 3 plantas	à trois étages
es un hotel con muchos servicios	c'est un hôtel qui offre de nombreux services
un **bar**	un bar
una **cancha de tenis**	un court de tennis
una **discoteca**	une discothèque
un **restaurante**	un restaurant
un **garaje vigilado**	un garage surveillé
un **aparcamiento de pago**	un parking payant
el **ascensor**	l'ascenseur
el **ascensorista**	le liftier
la **puerta corrediza**	la porte accordéon, la porte palière
bajar, pararse	descendre, s'arrêter,
subir	monter
los **bajos**	les sous-sols
el **comedor**	la salle à manger
la **escalera**	l'escalier
el **descanso,** el **rellano**	le palier
la **grada**	la marche
el **pasamanos**	la rampe
el **hall**	le hall de réception
el **pasillo**	le couloir
largo, angosto	long, étroit

el **recodo**	l'angle du couloir
el **piso,** la **planta**	l'étage
el **salón,** la **sala**	le salon
la **terraza**	la terrasse
acampar	camper
alojarse	se loger
alquilar	louer
de alquiler	en location
clasificar	classer
constar de	posséder, avoir, jouir de
contar con	posséder, avoir, jouir de
hospedarse	se loger, descendre dans un hôtel
indicar	indiquer
pernoctar	passer la nuit
una **pernoctación**	une nuitée
recomendar	recommander
situar, situarse	situer, être situé
ubicar, ubicarse	situer, être situé
la **situación,** la **ubicación**	la situation

LA RECEPCION — LA RECEPTION

abonar en señal una cantidad pagar un anticipo	verser des arrhes
acoger, recibir	accueillir
la **acogida**	l'accueil
aconsejar	conseiller
atender	s'occuper de
la **azafata**	l'hôtesse d'accueil
el **botones**	le chasseur, le groom
cancelar	annuler
el **carné de identidad**	la carte d'identité
el **cartel**	le panneau, l'affiche
el **casillero**	le casier
el **cochero**	le voiturier
el **conserje**	le concierge
el **conserje atiende al cliente**	le concierge s'occupe du client
la **conserjería**	la conciergerie

devolver la tarjeta	rendre la carte
la **disponibilidad**	la disponibilité
los **documentos,** la **documentación**	les papiers
en recepción	à la réception
entregar la llave	donner la clef
facturar	facturer, faire une facture
la **llave**	la clef
el **llavero**	le tableau des clefs, le porte-clefs
el **maletero**	le bagagiste
el **mostrador**	le comptoir
el **mozo**	l'employé
la **paciencia**	la patience
el **pasaporte**	le passeport
la **plantilla de recepción**	le personnel de réception
poner la llave en el tablero	mettre la clef au tableau
el **portero**	le portier
la **puerta de cristales**	la porte en glace
la **puerta giratoria**	la porte à tambour
la **puerta vaivén**	la porte battante
el **recepcionista**	le réceptionniste
los **requisitos,** las **formalidades**	les formalités
registrar, inscribir	inscrire
reservar	réserver
una **reserva**	une réservation
una **reserva sin compromiso**	une réservation sans confirmation
el **tablero**	le panneau d'affichage
la tarjeta	la carte
el **vigilante**	le veilleur

EL TELEFONO — LE TELEPHONE

La **Telefónica** la **compañía Telefónica**	équivalent de France Télécom

el **abonado**	l'abonné
el **aparato**	l'appareil
el **auricular**	l'écouteur
la **central,** la **centralita**	le standard
la **conferencia**	la communication
el **dial,** el **indicativo**	l'indicatif
el **enchufe**	la prise téléphonique
la **ficha de teléfono**	le jeton
la **guía telefónica**	le bottin
el **listín**	le répertoire
el **locutorio,** la **cabina**	la cabine téléphonique
el **número**	le numéro
el **operador**	l'opérateur
la **sobretasa,** el **importe**	la surtaxe, le montant
el **solicitante**	le demandeur
el **solicitado**	le demandé, l'appelé
la **tasación,** la **tarifa**	le tarif
la **telefonista**	la standardiste
el **teléfono**	le téléphone (appareil)
teléfono automático	téléphone automatique
teléfono manual	téléphone manuel
el **timbre**	la sonnerie
el **timbre de la voz**	le timbre de la voix
toca el timbre	le téléphone sonne
el **tono**	la tonalité
una **voz bien timbrada**	un bon timbre de voix
¡ Oiga !	Allo ! (celui qui appelle)
¡ Diga !	Allo ! (celui qui répond)
una **llamada telefónica**	un appel
a cobro revertido	en P.C.V.
interna o externa	national ou international
local o de larga distancia	national ou international

una **línea saturada**	une ligne saturée
el **servicio de despertador**	le service du réveil
el **servicio de informaciones**	les renseignements
coger el teléfono	répondre au téléphone
colgar	raccrocher
comunicarse	être en communication
conectar	mettre en communication
dejar un recado	laisser un message
descolgar	décrocher
entablar una comunicación	être en communication
estar comunicando	être occupé
Hay demora	Il y a de l'attente
llamar por teléfono	appeler au téléphone
marcar	composer le numéro
pedir una conferencia	demander une communication
ponerse	prendre la communication
proporcionar información	donner un renseignement
registrar las llamadas	prendre note des appels
tomar los recados	prendre les messages
Acaba de llamarle el señor Fulano	Monsieur X vient de vous appeler
Deletree su apellido	Epelez votre nom
¿ De parte de quién ?	De la part de qui…
¡ No cuelgue Vd !	Ne quittez pas !
Quiere ponerme con …	Voulez-vous me passer…

LA HABITACION — LA CHAMBRE

el **aire acondicionado**	l'air conditionné
la **alfombra,** la **alfombrilla**	le tapis, la descente de lit
el **alumbrado indirecto**	l'éclairage indirect

el **aplique**	l'applique
la **bombilla**	l'ampoule
la **bombilla fundida**	l'ampoule qui a sauté
el **enchufe**	la prise
el **interruptor**	l'interrupteur
la **lámpara de pie**	le lampadaire
la **lámpara de sobremesa**	la lampe
las **liniestras**	l'éclairage indirect
el **vaivén**	le va et vient
apagar	éteindre
encender	allumer
el **armario**	l'armoire
de luna	à glace
empotrado	encastrée
forrado	doublée
ropero, el **guardarropa**	la penderie
el **cajón**	le tiroir
el **gancho**	le crochet
la **percha**	le cintre
la **butaca**	le fauteuil
la **calefacción**	le chauffage
la **cama**	le lit
individual o sencilla	à une place
doble o de matrimonio	à deux places, un grand lit
supletoria	supplémentaire
mullida o dura	mou ou dur
la **cabecera**	le chevet
el **somier**	le sommier
el **colchón**	le matelas
el **colchón de muelles**	le matelas à ressorts
la **almohada**	l'oreiller
el **travesaño**	le traversin
el **edredón**	la couette
la **cómoda**	la commode
las **cortinas**	les rideaux
los **visillos**	les voilages
correr o descorrer	ouvrir ou fermer
un **cuadro,** el **marco**	un tableau, le cadre
el **despertador**	le réveil
el **escritorio,** la **mesa de escribir**	le bureau
un **estante**	une étagère
la **estantería**	les étagères
un **florero,** un **jarro**	un vase

la **habitación**	la chambre
alfombrada	moquetée
amplia	une grande chambre
de 5 m de largo	de 5 m de long
de 3 m de ancho	de 3 m de large
exterior	une chambre sur la rue
interior	une chambre sur la cour
con vistas al mar	une chambre sur la mer
que da al jardín	une chambre sur le jardin
el **hilo musical**	la musique d'ambiance
el **maletero**	le porte-bagages
la **mesilla de noche**	la table de nuit
el **minibar**	le minibar
la **moqueta**	la moquette
la **nevera**	le réfrigérateur
la **papelera**	la corbeille à papiers
el **parquet**	le parquet
la **radio**	la radio
la **silla**	la chaise
el **sillón**	le fauteuil
una **suite**	une suite
el **teléfono**	le téléphone
la **televisión**	la télévision
en color, en blanco y negro	couleur, noir et blanc
vía satélite	par satellite
por cable	par cable
el **televisor**	l'appareil de télévision, le téléviseur
el **timbre**	la sonnette
el **tocador,** la **coqueta**	la coiffeuse
la **ventana**	la fenêtre
el **ventanal**	la baie
el **balcón**	le balcon
el **antepecho**	l'appui
la **celosía**	la jalousie
un **cierre mecánico**	un volet roulant
una **persiana**	une persienne
un **postigo**	un volet
arreglar	mettre en ordre
cambiar la ropa	changer le linge

chirriar	grincer
colgar	suspendre
dar brillo	faire briller
disparar la puerta	claquer la porte
entreabrir la puerta	entrouvrir la porte
hacer la cama	faire le lit
limpiar	nettoyer
quitar el polvo	faire la poussière
una **habitación ordenada**	une chambre en ordre
desordenada	en désordre
descuidada	négligée
¿ Tiene una habitación libre ?	Avez-vous une chambre libre ?
¿ Cuántas habitaciones necesita ?	De combien de chambres avez-vous besoin ?

EL CUARTO DE BAÑO — LA SALLE DE BAINS

los **azulejos**	les carreaux au mur
el **baño,** la **bañera**	la baignoire
con asidero	avec des poignées
con fondo antideslizante	avec fond antidérapant
el **bidé**	le bidet
la **cañería**	la tuyauterie
el **cepillo de dientes**	la brosse à dents
la **cerámica**	la céramique
la **cestilla de aseo**	les produits de bienvenue, d'accueil
la **cisterna**	la chasse d'eau
el **corcho**	le liège
el **desagüe**	la vidange, la bonde d'évacuation
desperdiciable, de un solo uso	jetable
la **ducha**	la douche
una **cabina de ducha**	une cabine de douche

la **encimera**	l'armoire de toilette suspendue
el **enlosado**	le carrelage du sol
el **espejo**	le miroir
el **excusado,** el **retrete,** el **inodoro,** la **taza**	la cuvette des waters
el **frasco**	le flacon
el **gel espumante**	le bain moussant
la **grifería**	les robinets
el **grifo**	le robinet
el **grifo mezclador**	le mélangeur
la **higiene**	l'hygiène
el **jabón**	le savon
la **pastilla de jabón**	la savonnette
la **jabonera**	le porte-savon
enjabonar	savonner
el **laminado**	le formica
el **lavabo**	le lavabo
empotrado	encastré
estancado	bouché
las **losas**	les carreaux
una **máquina expendedora**	un distributeur
la **maquinilla de afeitar**	le rasoir électrique
el **mármol**	le marbre
el **papel higiénico**	le papier hygiénique
el **papel tissue**	la ouate de cellulose
un **tissue**	un kleenex
la **pasta dentífrica,** el **dentífrico**	le dentifrice
un **protector plegable**	une protection pliante
una **cortina corrediza**	un rideau coulissant
la **repisa**	la tablette
el **ruido de las cañerías**	le bruit des tuyauteries
salpicar	éclabousser
los **servicios**	les waters, les toilettes
el **shampú**	le shampooing
tirar de la bomba	tirer la chasse
el **toallero**	le porte-serviettes
el **tocador**	la table de toilette
el **tubo de neón**	le tube de néon
el **vaso de dientes**	le verre à dents

EL MANTENIMIENTO	LA MAINTENANCE
las **obras**	les travaux
el **capataz,** el **encargado**	le contremaître
la **degradación, degradar**	la dégradation, dégrader
el **desperfecto**	la détérioration, le dégât
el **desgaste, desgastar**	l'usure, user
el **envejecimiento**	le vieillissement
el **equipo técnico**	l'équipe technique
el **técnico especializado**	le technicien
el **fallo**	le défaut, la faille
el **fichero técnico**	le fichier technique
el **listado**	l'inventaire, le répertoire
operativo	opérationnel
el **mono**	le bleu de travail
la **herramienta**	les outils
la **caja de herramientas**	la caisse à outils
el **clavo, clavar**	le clou, clouer
la **cuchilla**	le ciseau à bois
la **llave inglesa**	la clef anglaise
el **martillo, martillear,** un **martillazo**	le marteau, marteler, un coup de marteau
las **pinzas**	une paire de pinces
la **soldadura, soldar**	la soudure, souder
las **tenazas**	une tenaille
el **tornillo**	la vis
el **destornillador**	le tournevis
acondicionar	arranger, aménager
arreglar	réparer
desgastar	user
envejecer	vieillir
estar al día	être au goût du jour
modernizar	moderniser
modificar	modifier
poner al día	moderniser
recuperar	récupérer
reformar	réformer
rehabilitar	réhabiliter
rehacer	refaire
remodelar	remodeler
remozar	rajeunir
renovar	rénover
restaurar	restaurer
revisar	vérifier

LA FONTANERIA	LA PLOMBERIE
el **fontanero**	le plombier
la **cañería,** la **tubería**	les canalisations
el **desagüe**	la vidange
el **empaque de las llaves de agua**	l'étanchéité des vannes de distribution
la **estopa**	la filasse
el **lavabo estancado**	le lavabo bouché
destapar	déboucher

LA ELECTRICIDAD	L'ELECTRICITE
el **electricista**	l'électricien
el **aire acondicionado**	l'air conditionné
la **bombilla**	l'ampoule
una **bombilla fundida**	une ampoule grillée
la **calefacción**	le chauffage
el **cortocircuitos**	le court-circuit
el **apagón**	la panne de secteur
fundirse	fondre, griller
el **fusible**	un fusible
el **enchufe**	la prise
un **generador de plantas**	un groupe électrogène
el **interruptor**	l'interrupteur
el **disyuntor**	le disjoncteur
la **refrigeración**	la réfrigération
la **ventilación**	la ventilation
el **ventilador**	le ventilateur
las **palas**	les pales

LA DECORACION	LA DECORATION
el **carpintero**	le menuisier

una **cortina rota, desgarrada**	un rideau déchiré
el **decorador**	le décorateur
el **diseño**	le design
el **ebanista**	l'ébéniste
el **empapelador,**	le poseur de papiers peints,
empapelar	poser des papiers peints
el **lavador de muros**	le laveur de murs
la **limpieza**	la propreté, le nettoyage
el **material**	le tissu d'ameublement
el **mobiliario dañado**	le mobilier endommagé
el **pintor**	le peintre
de brocha gorda	en bâtiment
redecoración	redécoration
tapizar, tapicería, tapicero	tapisser, la tapisserie, tapissier

LA JARDINERIA / LE JARDINAGE

el **jardinero**	le jardinier
la **azada**	la binette
la **pala**	la pelle, la bêche
el **pico**	la pioche
el **rastrillo**	le râteau
el **cortacéspedes**	la tondeuse à gazon
el **arriate**	la plate-bande
el **bancal**	un carré
un **césped**	un gazon
una **maceta,** un **tiesto**	un pot de fleurs
un **prado**	un pré
plantas de ornato	des plantes d'ornement
plantar	planter
podar	tailler, élaguer
regar	arroser
una **manga de riego**	un tuyau d'arrosage

LA LIMPIEZA	LE NETTOYAGE
abrillantar	faire briller
dar brillo	faire briller
barrer	balayer
encerar	cirer
enjugar	sécher, éponger
frotar	frotter
fregar	laver par terre
lavar	laver
limpiar	nettoyer
quitar el polvo	faire la poussière
secar	sécher
el **aspirador**	l'aspirateur
una **escoba**	un balai
una **escobilla**	une balayette
la **pala**	la pelle
el **trapo del polvo**	le chiffon à meubles

LA ROPA — LE LINGE

LA MANTELERIA	LE LINGE DE TABLE
el **cubrebandeja**	le napperon
el **cubremantel**	un dessus de table
el **lito**	le liteau
un **mantel**	une nappe
bordado	brodée
con calado	avec des jours
con encaje	avec de la dentelle
estampado	imprimée
con grabado central	avec un motif central

individual	un napperon
las **esquinas del mantel**	les coins d'une nappe
una **caída,** un **vuelo**	un pan
los **faldones,** un **borde colgante**	les pans
un **mantel redondo**	une nappe ronde
el **muletón**	le molleton
el **paño**	un linge
una **servilleta**	une serviette
un **salvamantel**	un dessous de verre, un set de table
un **tapete**	un set de table, un napperon

LA LENCERIA, LA ROPA DE LA CAMA / LE LINGE DE NUIT

la **colcha**	le couvre-lit
las **cortinas**	les rideaux
los **cortinones**	les double-rideaux
el **cubrecama**	le dessus de lit
descubrir la cama	ouvrir le lit
el **embozo (de la sábana)**	le revers (du drap)
la **funda**	la taie
la **funda nórdica**	la housse de couette
la **manta**	la couverture
el **muletón**	le molleton, l'alèse
la **sábana**	le drap
el **trapo del polvo**	le chiffon à meubles
los **visillos**	les voilages

LA ROPA DEL CUARTO DE BAÑO / LE LINGE DE TOILETTE

el **albornoz**	le peignoir de bain

la **alfombrilla**	la descente de bain
la **felpa**	le tissu éponge
una **manopla**	un gant éponge
una **toalla**	une serviette
de felpa	en tissu éponge
nido de abeja	nid d'abeille

LA ROPA DE COCINA — LE LINGE DE CUISINE

la **aljofifa,** la **balleta**	la serpillière
un **paño**	un chiffon
el **trapo de cocina**	le torchon
el **trapo de fregar,** el **estropajo**	la lavette
acortar	raccourcir
alargar	rallonger
agujereado	troué
el **algodón**	le coton
almacenar	ranger
almidonar	amidonner
arrugado	froissé
bordar	broder
un **carrete de hilo**	une bobine de fil
coser	coudre
un **botón**	un bouton
a mano	à la main
a máquina	à la machine
el **dedal**	le dé à coudre
desgarrado	déchiré
desgastado	usé
doblar	plier
hacer un dobladillo	faire un ourlet
encogido	rétréci
enhebrar una aguja	enfiler une aiguille
guardar la ropa	ranger le linge

hilos y pelusas	les peluches
lavar	laver
el **lavado**	le lavage
limpio	propre
el **lino**	le lin
manchado	taché
planchar	repasser
el **planchado**	le repassage
un **pliegue**	un pli
quemado	brûlé
raído	usé
el **recambio**	le linge de rechange
la **ropa bien cuidada**	le linge bien entretenu
la **ropa bien alineada**	le linge bien rangé
sintético	synthétique
sucio	sale
el **tamaño**	la taille
las **tijeras**	les ciseaux
usado	usé
zurcir	raccomoder, repriser

El hotel = *l'hôtel*

¿ Dónde están los servicios ?
Où sont les toilettes ?

Los de Señoras a la derecha
Les toilettes Dames, à droite

Los de Caballeros a la izquierda
Les toilettes Messieurs, à gauche

El hotel Oriente, con 5 estrellas, es más moderno que el Barajas
L'hôtel Oriente, avec 5 étoiles, est plus moderne que l'hôtel Barajas.

El parador de los Reyes Católicos es uno de los mejores
Le parador de los Reyes Católicos est l'un des meilleurs

Este hotel es el más lujoso de todos
Cet hôtel est le plus luxueux de tous

Es demasiado lujoso para nosotros
Il est trop luxueux pour nous

Es demasiado caro para nuestros planes
Il est trop cher pour nos projets

Reservo en un hotel de 3 estrellas
Je réserve dans un hôtel 3 étoiles

¿ Te gusta este hotel ?
Aimes-tu cet hôtel ?

Reserva = *Réservation*

Es imprescindible reservar en época navideña
Il faut absolument réserver à l'époque de Noël

Hay que llamar para reservar
Il faut téléphoner pour réserver

¿ Tiene una habitación libre ?
Avez-vous une chambre ?

Vengo de parte del señor López
Je viens de la part de Mr Lopez

¿ Me hace el favor de reservar una habitación ?
Pouvez-vous me réserver une chambre, s'il vous plaît ?

Buenos días = *Bonjour (matin)*
Buenas tardes = *Bonjour (après-midi)*
Buenas noches = *Bonsoir*

¿ Qué quiere Usted ?
Que voulez-vous ?

¿ Qué desea Usted ?
Que désirez-vous ?

¿ Qué hay para su servicio ?
Qu'y a-t-il pour votre service ?

A sus órdenes
A votre disposition

¿ Puedo atenderles ?
Puis-je vous être utile ?

He reservado una habitación con vistas al mar
J'ai réservé une chambre avec vue sur la mer

Espere que compruebe
Attendez que je vérifie

¿ Cuántos días piensan quedarse ?
Combien de jours pensez-vous rester ?

Nos quedaremos un par de días
Nous resterons deux ou trois jours

¿ Cuántas personas son Ustedes ?
Combien de personnes êtes-vous ?

¿ Prefiere Usted una habitación o una suite ?
Préférez-vous une chambre ou une suite ?

A mí me da lo mismo
Cela m'est égal

Si no le gusta esta habitación, se la podemos cambiar
Si cette chambre ne vous plaît pas, nous pouvons vous la changer

Lo siento, el hotel está completo
Je regrette, l'hôtel est complet

No sabe cuánto lo siento
Vous ne savez pas combien je le regrette

¡ Qué lástima que no haya llamado antes !
Quel dommage que vous n'ayez pas appelé plus tôt !

Lo siento, no tengo nada a su nombre
Je regrette, je n'ai rien à votre nom

La habitación = *la chambre*

Adelante
Entrez

¿ A qué hora se le despierta ?
A quelle heure faut-il vous réveiller ?

¿ Le conviene esta habitación ?
Cette chambre vous convient-elle ?

En esta habitación se sentirá a gusto
Vous vous plairez dans cette chambre

Aquí estoy muy a gusto
Ici je suis très bien

Echamos de menos la vista al mar
La vue sur la mer nous manque

El cliente prefiere una cama de matrimonio
Le client préfère un grand lit

El grifo gotea
Le robinet fuit

Llevo media hora esperando una contestación de la camarera
J'attends une réponse de la femme de chambre depuis une demi-heure

Perdone Señor, tendrá que esperar un poco más : está ocupada
Excusez-nous Monsieur, il vous faudra attendre encore un peu, elle est occupée

Hasta mañana, que descanse
A demain, bonne nuit

He dormido como un lirón
J'ai dormi comme un loir

No he pegado el ojo con el ruido de la fiesta
Je n'ai pas fermé l'œil à cause du bruit de la fête

El desayuno se sirve de 8 a 10 en las habitaciones
Le petit déjeuner est servi dans les chambres de 8 h à 10 h

Coloque su pedido en el picaporte : lo recogerá el camarero
Accrochez votre commande à la poignée de la porte : le garçon la ramassera

Por favor, súbame el desayuno
Montez-moi le petit déjeuner, s'il vous plaît

¿ Puedo entrar ?
Puis-je entrer ?

Pase Vd
Entrez

¡ Cuidado con la cafetera que quema !
Attention ! la cafetière est brûlante !

No te resbales en la bañera
Ne glisse pas dans la baignoire

Me falta un albornoz
Il me manque une sortie de bain

Estas toallas raspan un poco
Ces serviettes de toilette sont un peu rèches

¡ Qué suaves son estas toallas !
Que ces serviettes sont douces !

¿ Puede Vd devolverme la ropa que dejé para planchar ?
Pouvez-vous me rapporter le linge que j'ai donné à repasser ?

ADMINISTRACION

EL MARKETING | LE MARKETING

un **abanico**	un éventail
la **actividad promocional**	l'activité de promotion
la **actividad de punta**	l'activité de pointe
actuar	agir
un **análisis**	une analyse
el **anuncio publicitario**	l'annonce publicitaire
la **cuña**	le spot (télé ou radio)
el **área,** el **ámbito**	le champ, le secteur,
el **campo**	le domaine
el **baremo**	le barême
el **blanco**	le but, la cible
la **clave**	la clef
la **clientela meta**	la clientèle ciblée
la **clientela potencial**	la clientèle potentielle
la **competencia**	la concurrence
el **competidor**	le concurrent
la **competitividad**	la compétitivité
una **situación competitiva**	une situation de concurrence

conseguir	atteindre
la **persecución de un objetivo**	la poursuite d'un objectif
la **consecución de un objetivo**	atteindre un objectif
el **cuestionario,** el **formulario**	le questionnaire, le formulaire
el **dato**	la donnée
la **demanda,** la **oferta**	la demande, l'offre
el **descuento,** el **desfalco,** la **reducción**	le rabais
el **desfase**	le décalage
la **diferencia**	l'écart
la **discrepancia,** **discrepar**	le différend, ne pas être d'accord
la **encuesta,** el **encuestador**	l'enquête, l'enquêteur
el **enfoque**	l'optique, le point de vue
escoger, elegir	choisir
el **eslogán,** el **lema**	le slogan
el **establecimiento puntero**	l'établissement de pointe
la **estadística**	la statistique
el **estamento**	la classe sociale
estribar en, radicar en	reposer sur
el **estudio de mercado** la **mercadotecnia**	le marketing l'étude de marché
la **expectativa**	l'attente
el **folleto**	une brochure
fidedigno	digne de foi
fomentar, el **fomento**	promouvoir, la promotion
incentivar, el **incentivo**	stimuler, la stimulation
una **gama**	une gamme, un éventail
un **hueco**	un créneau
hacerse un hueco	faire son trou
la **imagen de marca**	l'image de marque
investigar	faire des recherches
lanzar un producto	lancer un produit
llevar a cabo	achever
los **media,** los **medios dé comunicación de masa**	les mass media
un **medio de acción**	un moyen d'action
una **media,** un **promedio**	une moyenne
medir, la **medición**	mesurer, la mesure

mejorar	améliorer
la **mejora,** el **mejoramiento**	l'amélioration
un **mensaje**	un message
motivar, una **motivación**	motiver, une motivation
una **muestra,** una **prueba**	un échantillon
el **muestreo**	l'échantillonnage
la **necesidad**	le besoin
el **objetivo**	le but
la **oferta,** la **demanda**	l'offre, la demande
operante	efficace
un **panel**	une groupe représentatif
un **colectivo**	un groupe d'individus définis
participar en	participer à
patrocinar	sponsoriser
el **patrocinador**	le sponsor
el **patrocinio**	le sponsoring
planear	projeter, envisager
el **plazo**	un délai
una **demora**	un retard
a largo, medio, corto plazo	a long, moyen, court terme
la **previsión, prever**	la prévision, prévoir
el **promedio,** la **media**	la moyenne
promover, promocionar	promouvoir, favoriser
proporcionar	procurer
el **poder adquisitivo**	le pouvoir d'achat
la **potencia**	le pouvoir, la puissance,
potente	puissant
la **publicidad**	la publicité
el **ramo**	la branche d'activité
la **reactivación del mercado**	la relance du marché
la **recaída**	la retombée
recopilar	compiler, accumuler des données
recurrir a	avoir recours à
un **regalo**	un cadeau
las **relaciones públicas**	les relations publiques
rellenar	remplir
replantear, un **replanteamiento**	poser à nouveau un problème
respaldar, respaldado por	soutenir, soutenu par
un **reto**	un défi
la **salida**	le débouché
un **sector en auge**	un secteur en expansion
un **sector boyante**	un secteur prospère

un **segmento de mercado**	une part de marché
segmentar el mercado	diviser le marché
un **seguimiento**	le suivi
seleccionar	sélectionner, choisir
solvente, estudios solventes	fiable, des études fiables
un **sondeo**	un sondage
sortear	tirer au sort
un **sorteo**	un tirage au sort
un **surtido**	un assortiment
tomar el pulso	prendre la température
un **tópico**	un lieu commun
triunfar, un **triunfador**	réussir, un battant
la **valoración, valorar**	l'estimation, estimer
la **validez**	la validité

LA INFORMATICA — L'INFORMATIQUE

el **almacenamiento**	le stockage
el **analista**	l'analyste
el **banco de datos**	la banque de données
el **proceso de datos**	le traitement des données
la **calculadora**	la calculatrice
el **cerebro**	le cerveau
la **memoria**	la mémoire
el **chip**	la puce
una **cinta perforada**	la bande perforée
una **cinta magnética**	la bande magnétique
una **cinta compatible**	la bande compatible
el **computador**	l'ordinateur
computerizar	compter, mettre sur ordinateur
conectar	relier
un **descifrador**	un décodeur
un **disco**	un disque
duro	dur
flexible	souple
la **unidad de disco**	
el **minidisco**	
una **disquette**	une disquette
el **diseño asistido por ordenador**	le dessin par ordinateur
el **duplicador**	le duplicateur

duplicar	reproduire
el **fichero**	le fichier
llevar un fichero	gérer, tenir un fichier
una **herramienta de gestión**	un outil de gestion
una **impresora**	une imprimante
el **tratamiento de textos**	le traitement de textes
un **listado**	un listing
un **microordenador**	un micro-ordinateur
un **microprocesador**	un micro-processeur
el **monitor**	le moniteur
el **operador**	le pupitreur
el **ordenador**	l'ordinateur
el **miniordenador**	le mini-ordinateur
el **organigrama**	l'organigramme
el **órgano de entrada**	l'organe d'entrée
el **órgano de salida**	l'organe de sortie
la **pantalla**	l'écran
el **programador**	le programmeur
procesar	traiter
un **paquete de aplicación**	un progiciel
el **pupitre de supervisión**	le pupitre de supervision
la **consola de supervisión**	le pupitre de supervision
el **software**	le logiciel
el **teclado**	le clavier
teclear, pulsar una tecla, apretar una tecla	taper
la **telemática**	la télématique
el **teleproceso**	le télétraitement
el **terminal**	le terminal
en **tiempo compartido**	en temps partagé
en **tiempo real**	en temps réel
la **unidad central**	l'unité centrale
la **unidad periférica**	l'unité périphérique
visualizar	visualiser

LA CONTABILIDAD	LA COMPTABILITE
abonar	payer, verser
abonar en una cuenta	créditer un compte
ingresar en una cuenta	
acopiar dinero	brasser de l'argent
el **acreedor**	le créancier
el **acta**	le procès-verbal
levantar acta	dresser un procès-verbal
los **activos**	les actifs
el **activo fijo, circulante**	l'actif fixe, circulant
actualizar	actualiser
adquirir, una **adquisición**	acquérir, une acquisition
afianzar	donner une garantie, cautionner
fianza	caution
fiador	garant
ajustar, un **ajuste**	ajuster, régler, un règlement
la **amortización**	l'amortissement
el **análisis**	l'analyse
el **anticipo**	avance, acompte
la **señal, abonar en señal**	verser des arrhes
la **apertura de cuentas**	l'ouverture des comptes
aportar dinero	apporter de l'argent
una **aportación financiera**	un apport financier
aprovisionar	ravitailler, approvisionner
apurar una cuenta	vider un compte
el **arqueo**	la vérification de caisse
asentar	inscrire dans les livres
el **asiento de cuentas**	l'écriture des comptes
la **anotación de asientos**	
la **auditoría,** el **auditor**	l'audit
el **balance**	le bilan
el **debe,** el **débito**	le débit
el **haber**, el **crédito**	le crédit
el **saldo**	le solde
el **borrador**	le brouillard
la **caja**	la caisse
el **cajero**	le caissier
la **calderilla**	la petite monnaie
el **cambio**	le change, la monnaie
dar el cambio	rendre la monnaie
las **cargas sociales**	les charges sociales
el **cierre de cuentas**	la fermeture des comptes

cobrar	toucher, encaisser
el **cobro**	l'encaissement
la **comprobación**	la vérification
el **consumo**	la consommation
el **coste,** el **costo**	le coût
la **contabilidad,** el **contable**	la comptabilité, le comptable
por partida simple	en partie simple
por partida doble	en partie double
el **crédito**	le crédit
solicitar un crédito,	demander un crédit
una solicitud de crédito	
conceder un crédito	accorder un crédit
una **cuentacorriente**	un compte courant
una **cuenta de pérdidas y ganancias**	un compte de profits et pertes
el **déficit**	le déficit
defraudar	frauder
una **acción fraudulenta,** un **fraude**	une fraude
un **descuento**	un escompte, un rabais
un **desembolso**	un versement, un déboursement
la **deuda**	la dette
el **endeudamiento**	l'endettement
el **deudor**	le débiteur
el **diario**	le journal
dinero en efectivo	l'argent en espèces
en metálico	
un **estacazo**	un coup de fusil (prix)
las **existencias**	les stocks
la **explotación**	l'exploitation
expedir un documento	délivrer un document
extender un documento	rédiger un document
un **extracto de cuentas**	un extrait de compte
la **factura,** la **facturación**	la facture, la facturation
liquidar una factura	régler une facture
una relación de facturas	un relevé de factures
financiar	financer
la **financiación**	le financement
la **carga financiera**	la charge financière
las **ganancias**	les bénéfices, les profits
los **gastos**	les dépenses, les frais
el **gasto adicional**	la dépense supplémentaire
el **gestor**	le gestionnaire
la **gestoría**	le cabinet de gestion

la **gestión, gestionar**	la gestion, faire la gestion
el **importe**	le montant
la **suma,** la **cantidad**	le montant
satisfacer el importe	régler un montant
un **informe**	un rapport
los **ingresos**	les revenus, les entrées
la **máquina registradora**	la caisse enregistreuse
el **mano corriente**	la main courante
el **margen de beneficios**	la marge bénéficiaire
la **negativa de pago**	le refus de paiement
la **nómina**	la liste du personnel
	la feuille de paie
la **prima**	la prime
el **descanso**	le congé
el **pago de vacaciones**	les congés payés
la **pensión**	la pension, la retraite
la **jubilación**	la retraite
la **dieta**	les frais de déplacement
el **pago**	le paiement
el **pago moroso**	un impayé
de pago	payant
pagadero	payable
los **pasivos**	les passifs
un **pedido**	une commande,
un **libro de pedidos**	un livre de commandes
el **porcentaje**	le pourcentage
un **tanto por ciento**	le pourcentage
un **perito de contabilidad**	l'expert-comptable
el **presupuesto**	le budget
presupuestario	budgétaire
un **préstamo**	un emprunt
pedir prestado	emprunter
un **prestamista**	un prêteur
un **prestatario**	un emprunteur
la **quiebra**	la faillite
un **recibo**	un reçu, une quittance
un **recuento**	une vérification
un **reembolso**	un remboursement
una **remesa**	une expédition, un envoi
respaldar	garantir
el **resultado**	le résultat
revisar, el **revisor**	contrôler, le contrôleur
el **saldo**	le solde

la **sede social**	le siège social
la **solvencia**	la solvabilité
solvente	solvable
la **insolvencia**	l'insolvabilité
el **sueldo,** el **salario**	le salaire
la **suspensión de pagos**	la suspension des paiements
un **talonario**	un chéquier
una **tarjeta de crédito**	une carte de crédit
una **transferencia bancaria**	un virement bancaire
un **tenedor de libros**	l'aide-comptable
la **tesorería**	la trésorerie
el **tipo de interés**	le taux d'intérêts
un **vale**	un bon, un reçu
valorar en, valuar en	estimer à
la **valoración**	l'estimation
el **vencimiento**	l'échéance
la **fecha de vencimiento**	la date d'échéance
vencer un plazo	arriver à son terme
un **visto bueno**	lu et approuvé
dar el visto bueno	
el **volumen de negocios**	le chiffre d'affaires
de facturación	le chiffre d'affaires

EL IMPUESTO — L'IMPOT

la **base imponible**	l'assiette de l'impôt
la **deducción**	la déduction
deducible	déductible
la **desgravación**	le dégrèvement
la **exoneración de base**	l'abattement à la base
el **gravamen**	la charge
gravar	peser sur
el **impuesto sobre el tráfico de las empresas**	l'impôt sur le chiffre d'affaires
el **IVA**	la TVA
un **recargo**	une majoration
la **retención**	la retenue
recaudar	recouvrer
la **recaudación**	le recouvrement
la **tasa**	la taxe

EL SEGURO	L'ASSURANCE
asegurarse	s'assurer
el **asegurado**	l'assuré
el **asegurador**	l'assureur
la **compañía de seguros**	la compagnie d'assurance
el **contrato**	le contrat
la **póliza**	la police
la **póliza adicional**	l'avenant
rescindir un contrato	résilier un contrat
la **rescisión**	la résiliation
la **caducación**	l'expiration
el **contratante**	le signataire du contrat
cubrirse de un riesgo con un seguro	s'assurer contre un risque
los **daños**	les dommages
los **daños y perjuicios**	les dommages
estimar en	estimer à
las **gestiones**	les démarches
la **indemnización**	l'indemnisation
el **perjudicado**	celui qui a subi un préjudice
el **perito**	l'expert
la **peritación**	l'expertise
el **dictamen pericial**	le rapport d'expertise
la **prima**	la prime d'assurance
el **riesgo a un tercero**	l'assurance au tiers
a todo riesgo	tous risques
de incendio, contra incendio	incendie
contra robo	vol
el **siniestro**	le sinistre

LOS RIESGOS	LES RISQUES
arriesgar, correr peligro	risquer
cuidar de	surveiller
custodiar	surveiller, garder
evacuar	évacuer
guardas de seguridad	gardes, gardiens

preocuparse por	s'occuper de
prever, prevención	prévoir, la prévention
los **primeros auxilios,** el **socorrismo**	les premiers secours
salvaguardar	protéger
una **situación comprometida, peligrosa**	une situation dangereuse
vulnerable	vulnérable

EL MIEDO — LA PEUR

el **asombro**	l'étonnement, la frayeur
el **espanto**	l'effroi
el **pánico**	la panique
el **pavor**	l'épouvante
el **susto**	la peur
un **susto mayúsculo**	une peur bleue
el **terror**	la terreur
el **temor**	la crainte
dar miedo, infundir miedo	faire peur
tener miedo	avoir peur
amedrentar, asustar, atemorizar	faire peur, épouvanter, effrayer
asustadizo, espantadizo, temeroso, medroso, miedoso	peureux, craintif
temible	effrayant, qui fait peur

EL INCENDIO — L'INCENDIE

arder	brûler
ardiente	brûlant, ardent
apagar	éteindre
a prueba de	à l'épreuve de
avería eléctrica	panne d'électricité
un **apagón**	une coupure de courant
las **ascuas**	les braises
el **bombero**	le pompier
la **ceniza**	la cendre
el **cenicero**	le cendrier
la **colilla**	le mégot

una **chispa**	une étincelle
un **cortafuego**	un coupe feu
un **cortocircuito**	un court-circuit
encender, meter fuego, prender fuego	allumer, mettre le feu
extinción, extintor	extinction, extincteur
estallar (fuego)	éclater (feu)
la **hoguera**	le brasier
el **humo**	la fumée
husmeante	fumant
la **llama**	la flamme
ignífugo	ignifuge
la **manga de fuego**	la lance à incendie
quemar	brûler
salida de emergencia	sortie de secours

EL ROBO — LE VOL

la **agresión, agredir**	l'agression, agresser
el **atraco**	le vol à main armée
la **caja fuerte**	le coffre-fort
borrar una combinación	effacer une combinaison
una combinación errónea	une erreur de combinaison
la **cerradura**	la serrure
defraudar	frauder
el **defraudador**	le fraudeur
la **estafa, estafar,** el **estafador**	une escroquerie, escroquer, l'escroc
hurto, hurtar	un larcin, dérober
el **latrocinio**	le vol
un **ladrón**	un voleur
la **llave**	la clé
pillar, desvalijar, el **pillaje,** el **desvalijamiento**	dévaliser

raptar, un **rapto**	enlever, un enlèvement
el **ratero**	le rat d'hôtel, le pickpocket
la **ratería**	le vol à la tire
robar, el **robo**	voler, le vol
la **sisa,** el **timo**	le coulage
sisar, timar	voler, dérober
las **alhajas,** las **joyas**	les bijoux
el **anillo**	la bague, l'alliance
las **sortijas**	les bagues
el **collar**	le collier
el **brazalete**	le bracelet
la **pulsera**	le bracelet
un **reloj de pulsera**	une montre bracelet
los **pendientes**	les boucles d'oreille
los **gemelos**	les boutons de manchettes
el **oro, de oro**	l'or, en or
la **plata, de plata**	l'argent, en argent
el **diamante**	le diamant
un **quilate**	un carat
la **esmeralda**	l'émeraude
el **rubí**	le rubis
el **topacio**	la topaze

EL AGUA — L'EAU

anegar	noyer, inonder
arruinar	détruire
la **cañería**	tuyauterie, canalisation
una **rotura de cañería**	une rupture de canalisation
una **crecida**	une crue
dejar correr el agua	laisser couler l'eau
el **desagüe**	la vidange
desbordar	déborder
un **desbordamiento**	un débordement
enjugar, secar	sécher
una **filtración**	une infiltration
un **flujo de agua**	de l'eau qui coule
gotear	couler goutte à goutte
inundar, una **inundación**	inonder, une inondation

LOS ACCIDENTES	LES ACCIDENTS
acarrear un problema	entraîner un problème
amenazar	menacer
una **anomalía**	une anomalie
un **atentado**	un attentat
una **bomba**	une bombe
una **voladura**	une explosion
volar, estallar	éclater
derrumbar, un **derrumbamiento**	s'effondrer, un écroulement
los **destrozos**	les débris
el **sabotaje**	le sabotage
el **seísmo**	le séisme
el **terremoto**	le tremblement de terre
el **maremoto**	le raz de marée
el **volcán,** la **erupción volcánica**	le volcan, l'éruption volcanique

La cuenta = *l'addition*

¿ Cuánto es ?
C'est combien ?

¿ Está Vd de acuerdo ?
Etes-vous d'accord ?

¿ A cuánto sube el IVA ?
A combien revient la TVA ?

El IVA está incluído
La TVA est incluse

¿ Han quedado Vdes satisfechos ?
Etes-vous satisfaits ?

Si Vd no está satisfecho, pida una hoja de reclamaciones
Si vous n'êtes pas satisfait, demandez une feuille de réclamations

Le he pedido que me traiga la cuenta
Je vous ai demandé de m'apporter l'addition

¿ Y esta cantidad, de qué es ?
A quoi correspond cette somme ?

¿ De qué se queja el cliente ?
De quoi se plaint le client ?

No tiene por qué quejarse
Vous n'avez pas de raison de vous plaindre

Quiero ver al director
Je veux voir le directeur

¿ Puede llamar a la camarera ? Quiero agradecerle sus atenciones
Pouvez-vous appeler la femme de chambre ? Je veux la remercier de sa gentillesse

Siento molestarle ¿ Podría Vd encargarme una caja de chocolates ?
Je regrette de vous déranger, pourriez-vous me commander une boîte de chocolat ?

¿ Cómo no ? No es ninguna molestia
Bien sûr, ça ne me dérange pas

¿ Le importa que le dé un cheque ?
Cela vous ennuie que je vous donne un chèque ?

Prefiero metálico
Je préfère du liquide

¿ A cuánto cambia el franco ?
A combien changez-vous le franc ?

¿ Tiene cambio de cien francos ?
Avez-vous de la monnaie de cent francs ?

Me han cobrado menos ayer
J'ai eu un meilleur taux hier

Cóbrese por favor
Payez-vous, s'il vous plaît

¿ Por qué pagué más la última vez ?
Pourquoi ai-je payé plus la dernière fois ?

¿ Puede hacerme un duplicata ?
Est-ce je peux avoir un double ?

¿ Puede Vd preparar la cuenta para las diez ?
Pouvez-vous préparer la note pour dix heures ?

Pregunte por el precio en caja
Demandez le prix à la caisse

LA CLIENTELA

EL CLIENTE	LE CLIENT
acostumbrado	habitué
asiduo	habitué
birlador, pícaro, trampista, estafador	arnaqueur
bonachón, buenazo	bon enfant
caprichoso	capricieux
comodón, holgachón	qui aime ses aises
conocido	connu
desconocido	inconnu
de mal humor	de mauvaise humeur
de malas pulgas	mauvais coucheur
desconfiado	méfiant
descontento	mécontent
discutidor, agresivo	agressif
exigente	exigeant

formal	sérieux
fiel	fidèle
indeciso	indécis
mal pagador	mauvais payeur
mal educado	mal élevé, grossier
molesto	casse-pieds, embêtant
potencial	potentiel
quejoso	mécontent
regalón	bon vivant
regañón	grognon
repetidor	habitué, qui revient
reservado, de pocas palabras	réservé
rezagado	tardif, qui s'attarde
satisfecho	content
insatisfecho	mécontent
sufrido	résigné

LA FAMILIA — LA FAMILLE

los **padres**	les parents (père et mère)
los hijos, los **niños**	les enfants
el **hombre**	l'homme
la **mujer**	la femme
el esposo, el **marido**	le mari
la **esposa**	la femme, l'épouse
el **matrimonio**	le couple (mari et femme)
los **abuelos**	les grands-parents
los **nietos**	les petits-enfants
la **niñera, la chacha**	la bonne d'enfants
los **novios**	les fiancés
el **viaje de novios**	le voyage de noces
celebrar una boda	célébrer un mariage
la **pareja**	le jeune couple
los **suegros**	les beaux-parents
el **yerno**	le gendre
la **nuera**	la belle-fille
un **soltero**	un célibataire

los **parientes**	les parents
los **hermanos**	les frères et sœurs
los **primos**	les cousins
los **tíos**	les oncles et tantes
los **sobrinos**	les neveux
anhelar	désirer
día libre, día de asueto	jour de congé
la época veraniega, los meses veraniegos	les mois d'été
la estancia	le séjour
la estacionalidad	la saisonnalité
el **fin de semana**	le week-end
permanecer	rester
solazarse	se détendre
el **solaz**	la détente
las **vacaciones**	les vacances
las **vacaciones ansiadas**	les vacances tant attendues
de corta duración	les courtes vacances
de larga duración	les grandes vacances
escolares	les vacances scolaires
el **verano**	l'été

LOS NIÑOS — LES ENFANTS

el **bebé**	le bébé
el **nene,** la **nena**	le petit enfant
el **cochecito**	le landau
la **cuna**	le berceau
la **sillita**	la chaise haute
el **bote**	le petit pot
la **botella**	le biberon
el **calentador de botellas**	le chauffe biberons
el **chupete**	la tétine
la **papilla**	la bouillie
el **puré**	la purée
la **guardería infantil**	le jardin d'enfants
la **nana**	la berceuse
la **niñera**	la nurse
el **servicio de baby sitter**	la garde d'enfants
los **pañales**	les couches
la **bragapañal**	les couche-culotte
cantar una nana para adormercer al niño	chanter une berceuse pour endormir

chuparse el dedo	sucer son doigt
llorar	pleurer
mecer, arrullar	bercer

LOS PEQUES	LES JEUNES ENFANTS
un **niño aburrido**	un enfant qui s'ennuie
alegre	gai, joyeux
atrevido	hardi
consentido	à qui on passe tout
divertido	drôle
entretenido	qui sait s'occuper
juguetón	joueur
llorón	pleurnichard
mimado	gâté
mimoso	câlin
ocioso	qui ne fait rien
perezoso	paresseux
rebelde	frondeur
ruidoso	bruyant
torpe	pataud, maladroit
travieso	espiègle
las **travesuras**	les sottises
el **cumpleaños, el cumple**	l'anniversaire
celebrar el cumpleaños	fêter l'anniversaire
la **fiesta infantil**	l'après-midi d'enfants
la **tarta**	le gâteau
la **vela,** las **velitas**	les bougies
soplar las velas	souffler les bougies
la **piñata**	le cadeau surprise
el **día del santo**	la fête
el **parque infantil**	le jardin pour enfants
las **atracciones**	les attractions
jugar	jouer
los **juegos**	les jeux
los **juegos al aire libre**	les jeux de plein air
los **juguetes**	les jouets
el **balón**	le ballon
las **bolas,** las **canicas**	les billes
los **bolos**	les quilles
el **columpio**	la balançoire
la **comba**	la corde à sauter
echar la china	tirer à courte paille
el **fil derecho**	le saute-mouton
el **globo**	le ballon à gonfler

jugar al escondite	jouer à cache-cache
lanzar una cometa	jouer au cerf-volant
el **montón de arena**	le tas de sable
el **cubo**	le seau
la **pala**	la pelle
el **rastrillo**	le râteau
la **muñeca**	la poupée
la **pelota**	la balle
la **piscina**	la piscine
hinchable	gonflable
el **flotador**	la bouée
el **trampolín**	le plongeoir
el **tobogán**	le toboggan
una **buena jugada**	un bon tour
el **chicle**	le chewing-gum
juguetear, corretear	gambader
lloriquear	pleurnicher
mimar a un niño	gâter un enfant

LOS ADOLESCENTES — LES ADOLESCENTS

el **baile de disfraces**	un bal costumé
la **discoteca**	la discothèque
el **pinchadiscos**	un disque jockey
trasnochar	se coucher tard, passer une nuit blanche
los **juegos electrónicos**	les jeux électroniques
una **máquina tragaperras**	une machine à sous
el **parque de recreo**	le parc d'attractions
la **sala de baile**	la salle de danse
juegos	jeux
el **tebeo**	la bande dessinée, l'illustré
los **jóvenes**	les jeunes
los **quinceañeros**	les jeunes de 15 ans
los **veinteañeros**	les jeunes de 20 ans

LA TERCERA EDAD — LE TROISIEME AGE

el **achaque**	l'ennui de santé, l'infirmité
el **agotamiento**	l'épuisement
el **anciano,** el **viejo,**	la personne âgée

la **persona mayor**	la personne âgée
el **arropamiento familiar**	l'entourage familial
la **asistencia médica**	le suivi médical
avejentarse	paraître vieux
casal, residencia, el **hogar**	la résidence du 3ème âge
cansarse	se fatiguer
el **cansancio**	la fatigue
cuidar de	prendre soin
cuidar a	soigner
el **cuidado médico**	les soins médicaux
cuidarse	prendre soin de soi
curar	guérir
debilitarse	s'affaiblir
el **descanso**	le repos
envejecer	vieillir
la **jubilación**	la retraite
la **jubilación anticipada**	la pré-retraite
el **jubilado**	le retraité
la **mejoría**	l'amélioration
la **pensión**	la pension, la retraite
el **pensionista**	qui touche une retraite, retraité
una **persona imposibilitada**	une personne handicapée
la **receta**	l'ordonnance
el **restablecimiento**	le rétablissement
la **salud**	la santé
una **silla de ruedas**	une chaise roulante
someter a tratamiento	soigner
la **vejez,** la **senectud**	la vieillesse
el **ajedrez**	les échecs
barajar	battre les cartes
una **baraja**	un jeu de cartes
el **billar**	le billard
los **dados**	les dés
las **damas**	les dames
el **dominó**	le domino

jugar a cartas, a los naipes	jouer aux cartes
los **juegos de sobremesa**	les jeux de société
el **taco**	la queue de billard

LA CLIENTELA DEPORTIVA	LA CLIENTELE SPORTIVE
la **competición**	la compétition
el **deporte**	le sport
un **deportista**	un sportif
deportivo, a	sportif, ve
el **encuentro**	le match
el **equipamiento**	l'équipement
el **equipo**	l'équipe, l'équipement
practicar un deporte	faire un sport
el **partido**	la partie
la **prueba**	l'épreuve
el **torneo**	le tournoi
el **tenis**	le tennis
el **adversario**	le joueur adverse
una **clase de tenis**	un cours de tennis
el **jugador**	le joueur
la **pelota**	la balle
una **pista,** una **cancha de tenis**	un court de tennis
una **pista cubierta, iluminada**	un court couvert, éclairé
la **raqueta**	la raquette
la **red**	le filet
un **campo de fútbol**	un terrain de foot
el **aficionado (a)**	l'amateur
el **empate**	le match nul
el **equipo contrario**	l'équipe adverse
el **futbolista**	le footballeur
el **hincha**	le supporter
las **puertas**	les buts
el **campo de golf**	le terrain de golf
el **golfista**	le golfeur

un **hoyo**	un trou
los **palos**	les clubs
el **césped**	le gazon
un **gimnasio,** un **polideportivo**	un gymnase
la **hípica**	le sport équestre
montar a caballo	faire du cheval
los **deportes náuticos**	les sports nautiques
un **barco de vela,** un **balandro**	un bateau à voile
el **buceo,** el **submarinismo**	la plongée sous-marine
la **canoa**	le canoé
el **hidropedal,** los **patines**	le pédalo
la **lancha motora**	la barque à moteur
la **navegación de recreo**	la navigation de plaisance
la **pesca submarina**	la pêche sous-marine
el **piragüismo**	la descente de rivière en kayack
un **puerto deportivo**	un port de plaisance
la **regata**	la régate
el **remo**	la rame
un **windsurf**	une planche à voile
el **windsurfero**	un véliplanchiste
el **windsurfing**	la planche à voile
un **yate**	un yacht
los **deportes de invierno**	les sports d'hiver
los **bastones**	les bâtons
las **botas**	les chaussures de ski
deslizar	glisser
el **esquí**	le ski
los **esquíes**	les skis
el **esquí alpino**	le ski alpin
el **esquí nórdico, de fondo**	le ski de fond
el **excursionismo,** el **senderismo**	la randonnée
el **excursionista**	le randonneur
la **mochila**	le sac à dos
un **monitor**	un moniteur
una **pendiente**	une pente
la **afición**	le goût pour
arriesgar	risquer
el **arrojo,** el **valor**	le courage
la **dedicación**	le goût pour
entrenarse	s'entraîner
experimentar una sensación	éprouver une sensation

jugar limpio	jouer franc jeu
un **jugador diestro**	un joueur habile
inexperto	inexpérimenté
principiante	débutant
torpe	maladroit
peligroso	dangereux
la **pericia**	l'habileté, l'adresse
un **reto**	un défi
el **riesgo**	le risque

LA TALASOTERAPIA — LA THALASSOTHERAPIE

un **agüista,** un **bañista**	un curiste
la **algoterapia,** las **algas**	l'algothérapie, les algues
el **baño de barro, burbujas, de vapor**	le bain de boue, à bulles, à vapeur
el **barro,** el **lodo**	la boue
la **ducha a chorro, a presión**	la douche au jet, avec pression
una **fuente**	une source
la **hidroterapia**	l'hydrothérapie
la **sala de reposo**	la salle de repos
la **sala de puesta en forma**	la salle de remise en forme
la **sauna**	le sauna
aliviar	soulager
el **cansancio**	la fatigue
cansarse, descansar	se fatiguer, se reposer
el **descanso**	le repos
un **chequeo médico**	un check-up
una **cura, hacer una cura, tomar baños**	une cure, faire une cure
una **cura médica**	un traitement médical
los **cuidados médicos**	les soins médicaux
curar	soigner, guérir
dañar	faire du mal
el **dolor**	la douleur
me duele la cabeza	j'ai mal à la tête
estar bien de salud	être en bonne santé
estar mal de salud	être en mauvaise santé
estar enfermo	être malade
mantenerse en forma	se garder en forme
el **masaje, subacuático**	le massage, sous l'eau
el **masajista**	le masseur
el **ayudante,** el **auxiliar**	l'aide
recetar	ordonner des soins

la **relajación**	la détente, la relaxation
la **salud**	la santé
saludable	salutaire
tiene mala cara	il a mauvaise mine
terapéutico	thérapeutique
un **tratamiento**	un traitement
tratamiento incluido	traitement compris
adelgazar	mincir
alimentarse	se nourrir
ayunar	jeûner
delgado, la **delgadez**	mince, la minceur
una **dieta**	un régime alimentaire, la diète
engordar	grossir
la **gordura,** la **obesidad**	l'obésité
los **michelines**	les bourrelets
ponerse a régimen, estar a régimen	se mettre au régime
la **pérdida de peso**	la perte de poids
el **albornoz**	le peignoir de bain
la **toalla**	la serviette de bain
las **zapatillas**	les sandales
la **tumbona**	la chaise longue

EL HOMBRE DE NEGOCIOS — L'HOMME D'AFFAIRES

la **actividad empresarial, la labor**	l'activité de l'entreprise
el **director gerente**	le PDG
el **directivo**	le cadre supérieur
el **ejecutivo**	le cadre
la **empresa,** la **firma**	l'entreprise
el **empresario**	le chef d'entreprise
el **jefe**	le chef
los **mandos**	les cadres, l'encadrement
el **patrono**	le patron
un **certamen (certámenes)**	une exposition, une manifestaion
la **comisión,** el **grupo de trabajo**	la commission (le groupe de travail)
la **conferencia**	la conférence (réunion délibérative très structurée)

el **congreso,** la **convención**	le congrès (réunion de délibération de délégués)
el **palacio de congresos**	le palais des congrès
el **congresista**	le délégué à un congrès, le congressiste
el **consejo de administración**	un conseil d'administration
el **convenio**	l'accord, la réunion de sensibilisation
el **evento**	l'événement
una **exhibición**	une présentation
una **exposición**	un salon, une exposition
un **expositor**	un exposant
la **feria**	la foire
la **feria de muestras**	la foire-exposition
el **recinto ferial**	le parc des expositions
una **junta**	une assemblée, une commision, un conseil
una **sala de juntas**	une salle de réunions
una **mesa redonda**	une table ronde
una **pasarela,** un **desfile de modas**	un défilé de mode
la **reunión**	la réunion
informativa	d'information
comunicativa	de communication
de incentivo	de stimulation
un **seminario**	un séminaire (réunion à caractère éducatif)
un **simposio**	un symposium (réunion inter-disciplinaire de spécialistes)
celebrar una reunión	tenir une réunion
concertar una cita	prendre un rendez-vous, fixer
convocar a junta	convoquer une réunion
levantar la sesión	lever la séance
el **orden del día**	l'ordre du jour
una **ponencia**	un exposé, une communication
un **ponente**	un orateur
el **tema,** el **temario**	l'ordre du jour
los **altavoces**	les hauts-parleurs
el **auditorio**	l'auditorium
la **azafata**	l'hôtesse d'accueil
el **bolígrafo**	le stylo-bille
la **carpeta,** el **portafolio**	le porte-documents, la chemise
la **máquina de escribir**	la machine à écrire
la **mecanógrafa,** la **taquígrafa**	la dactylo
la **megafonía**	la sonorisation par hauts-parleurs

el **rotulador**	le feutre
la **secretaria**	la secrétaire
la **secretaria ejecutiva**	la secrétaire de direction
el **secretariado**	le secrétariat
el **servicio audiovisual**	le service audiovisuel
la **traducción simultánea**	la traduction simultanée
el **vídeo**	la vidéo
una **antena**	une antenne
una **cadena**	une chaîne
un **casete,** una **casete**	une cassette
la **cinta**	la bande
emitir	émettre, transmettre
el **enchufe**	la prise
una **grabación**	un enregistrement
grabar	enregistrer
un **magnetoscopio**	un magnétoscope
la **pantalla**	l'écran
la **programación**	les programmes
acopiar dinero, mover dinero	brasser de l'argent
una **comida de negocios**	un repas d'affaires
una **comisión bajo cuerda**	un dessous de table
la **competencia**	la concurrence
la **competitividad**	la compétitivité
una **concentración de gente**	un rassemblement
la **dieta**	les frais de déplacement
emprender	entreprendre
emprendedor	entreprenant
estimular, incentivar, motivar	stimuler
el **estrés, estresado**	le stress, stressé
premiar	récompenser
premio	une récompense
un **viaje promocional**	un voyage de promotion
un **viaje de incentivo**	un voyage de stimulation

La clientela = *la clientèle*

Al cliente le gusta escoger entre un máximo de servicios
Le client aime choisir parmi le plus grand nombre de services possible

A estos señores hay que proponerles distracción, no tienen ganas de hacer nada
Il faut proposer des distractions à ces messieurs, ils n'ont envie de rien faire

El cliente que acaba de entrar es riquísimo
Le client qui vient d'entrer est très riche

A las personas mayores no les gusta la agitación
Les personnes âgées n'aiment pas l'agitation

La tercera edad se preocupa mucho por su salud
Le troisième âge se préoccupe beaucoup de sa santé

Los jubilados suelen reunirse entre sí
Les retraités ont l'habitude de se réunir entre eux

No coja esas maletas tan pesadas : ya viene el maletero
Ne portez pas ces valises si lourdes : voilà le porteur

Tenga cuidado de no resbalar en las escaleras
Faites attention de ne pas glisser dans les escaliers

Siéntese, en seguida le atiendo
Asseyez-vous, je m'occupe de vous tout de suite

No olvide el ramo de flores en la suite de los recién casados
N'oubliez pas le bouquet de fleurs dans la chambre des nouveaux mariés

A su llegada no olvide de darles la enhorabuena
A leur arrivée, n'oubliez pas de les féliciter

La boda se celebrará en el Palace Hotel
Le mariage aura lieu au Palace Hôtel

¿ Qué más va a exigir este hombre ?
Que va encore exiger cet homme ?

¿ De quién es este perro ?
A qui est ce chien ?

La señora no se siente bien : llame al médico
Cette dame ne se sent pas bien : appelez le médecin

Le podemos aconsejar un médico de confianza
Nous pouvons vous conseiller un bon médecin

No tardará en llegar
Il sera là tout de suite

Para dentro de una semana esperamos un colectivo japonés
Dans une semaine, nous attendons un groupe de Japonais

Los viajes de negocios exigen una organización perfecta
Les voyages d'affaires demandent une organisation parfaite

¿ Para qué se reunieron estos hombres de negocios ?
Pourquoi ces hommes d'affaires se sont-ils réunis ?

¿ Se puede organizar un seminario en su establicimiento el verano que viene ?
Est-il possible d'organiser un séminaire chez vous l'été prochain ?

Necesitaría una secretaria bilingüe para dos días
J'aurais besoin d'une secrétaire bilingue pendant deux jours

Espero que no ha olvidado nada
J'espère que vous n'avez rien oublié

En tal caso se lo mandaríamos
Dans ce cas nous vous l'expédirions

Si llega alguna carta ¿ a qué señas se la mandamos ?
Si vous avez du courrier, où pourrions-nous le faire suivre ?

Es el día de llegada
C'est le jour de l'arrivée

Es el día de salida
C'est le jour du départ

Tenga, como recuerdo de la casa
Acceptez un souvenir de la maison

Esto se encontraba en la habitación ¿ no es suyo ?
Ceci était resté dans la chambre, n'est-ce pas à vous ?

¿ Hay tarifas especiales para niños ?
Y a-t-il des prix spéciaux pour les enfants ?

Les haremos un descuento del 10 %
Nous vous ferons une réduction de 10 %.

¿ Podría reservarnos 3 localidades para la función de esta noche ?
Pourriez-vous nous réserver 3 places pour le spectacle de ce soir ?

¿ A qué hora es la sesión ?
A quelle heure est la séance ?

Es sesión continua
C'est permanent

¿ Se puede alquilar un coche ?
Est-il possible de louer une voiture ?

EL PERSONAL

EL OFICIO	LE METIER
la **chapuza,** el **trabajo chapucero**	le travail baclé
el **cometido**	la tâche, le devoir, la mission
es de mi cometido	c'est ma responsabilité
la **dedicación**	le dévouement, le temps passé, l'investissement personnel
el **empleado**	l'employé
el **equipo**	l'équipe
fichar	pointer
el **fichaje**	la feuille de présence
el **jefe**	le chef
la **jerarquía**	la hiérarchie
jerárquico	hiérarchique
la **mano de obra**	la main d'œuvre
la **nómina**	la liste du personnel
estar en nómina	faire partie du personnel

el **personal administrativo, de pisos, de base**	le personnel, administratif d'étage, de base
la **plantilla**	le personnel
un **profesional**	un homme de métier

EL SERVICIO ADMINISTRATIVO — LE SERVICE ADMINISTRATIF

el **contable**	le comptable
el **director**	le directeur
el **subdirector**	le sous-directeur
el **directivo**	le cadre supérieur
el **ejecutivo**	le cadre moyen
el **encargado**	le responsable
el **gestor**	le gestionnaire
los **mandos**	l'encadrement
el **relaciones públicas**	le chargé des relations publiques
la **secretaria**	la secrétaire
la **secretaria ejecutiva**	la secrétaire de direction

EL SERVICIO DE RECEPCION — LE SERVICE DE RECEPTION

el **ascensorista**	le liftier
la **azafata**	l'hôtesse d'accueil
el **botones**	le groom, le chasseur
el **cajero**, el **taquillero**	le caissier
el **cochero**	le voiturier
el **conserje**	le concierge
el **facturista**	l'employé chargé des factures
el **maletero**	le bagagiste
el **mozo**	l'employé
el **portero**	le portier
el **recepcionista**	le réceptionniste
la **telefonista**	la standardiste

el **vigilante**	le veilleur

EL SERVICIO DE PISOS — LE SERVICE D'ETAGES

la **camarera**	la femme de chambre
la **costurera,** la **zurcidora**	la couturière
la **gobernanta**	la gouvernante
la **subgobernanta**	la sous-gouvernante
el **mayordomo**	le maître-d'hôtel
la **lavandera,** la **lencera**	la laveuse, la lingère
la **limpiadora**	la femme de ménage
el **mozo de la limpieza**	l'homme de ménage
la **planchadora**	la repasseuse

EL SERVICIO DE RESTAURANTE — LE SERVICE DU RESTAURANT

el **ayudante**	le commis
el **camarero**	le serveur
el **jefe de sector, de rango**	le chef de rang
el **maitre**	le maître d'hôtel
el **sumiller**	le sommelier
el **barman**	le barman

EL SERVICIO DE COCINA — LE SERVICE DE CUISINE

el **aprendiz**	l'apprenti
el **carnicero**	le boucher
el **cocinero**	le cuisinier
el **entremetier**	l'entremétier
los **fregadores**	les plongeurs
el **jefe de cocina, de partida**	le chef de cuisine, de partie
el **pescadero**	le poissonnier
el **parrillero**	le grillardin, le rôtisseur
el **pastelero**	le pâtissier
el **repostero**	le pâtissier

el **pinche**	le marmiton
el **salsero**	le saucier
el **turnante**	l'employé de service

VARIOS EMPLEOS / DIVERS EMPLOIS

el **animador (turístico)**	l'animateur
el **asesor técnico**	l'assistant technique
el **chófer**	le chauffeur
el **entrenador**	l'animateur de formation, le formateur
el **mecánico**	l'homme à tout faire
el **monitor deportivo**	le moniteur sportif
el **proveedor,** el **suministrador**	le fournisseur
dar ordenes, mandar	commander
ejecutar	exécuter
encomendar una labor	charger d'un travail
estar en su punto	être à sa place
incorporarse a una plantilla	entrer dans une équipe
obedecer	obéir
de turno	de service
por turno	à tour de rôle
el **asesoramiento**	l'assistance technique

EL VESTIDO / LA TENUE

el **cambio,** la **muda**	le rechange
la **prenda de verano, de invierno**	le vêtement d'été, d'hiver
la **ropa de trabajo**	les vêtements de travail
la **ropa de repuesto,** las **prendas de repuesto**	les vêtements de rechange
la **ropa interior**	les sous-vêtements

el **uniforme**	l'uniforme
el **vestido**	le vêtement

EL COCINERO / LE CUISINIER

el **pantalón blanco**	le pantalon blanc
cuadritos, estilo francés	à petits carreaux
milrayas	milleraies
la **chaquetilla**	la veste
el **delantal**	le tablier
con peto o sin peto	avec ou sans bavette
el **mandil**	le gros tablier
el **pañuelo pico de cocina**	le tour de cou
el **gorro**	la toque
el **gorro americano**	le calot
el **casquete**	le calot
las **playeras**	les tennis

EL CAMARERO, EL MAITRE, EL PERSONAL MASCULINO / LE SERVEUR, LE MAITRE D'HOTEL, LE PERSONNEL MASCULIN

el **pantalón**	le pantalon
rayado, a rayas	rayé
las **tiras**	les soutaches
la **pernera**	la jambe
la **americana**	la veste
cruzada	croisée
la **solapa de pico**	le revers pointu
la **solapa redonda**	le revers de smoking
con botón pasador	à un seul bouton
la **guerrera cuello tirilla**	la veste à col Mao
la **chaqueta francesa,** la **chaquetilla**	le spencer
el **chaqué**	la jaquette
el **frac**	l'habit
de dos picos	à queue de pie
el **esmokín**	le smoking

las **hombreras**	les épaulettes
los **alamares**	les brandebourgs
la **camisa**	la chemise
de popelín	en popeline
almidonada	amidonnée
de manga corta	à manches courtes
de manga larga	à manches longues
con pecherín	avec plastron
con chorrera	avec jabot
los **puños**	les poignets
vueltos	mousquetaires
los **gemelos**	les boutons de manchette
el **cuello**	le col
el **cuello tira o tirilla**	le col officier
el **cuello pajarita**	le col cassé
la **corbata,** el **nudo**	la cravate, le nœud
la **pajarita**	le nœud papillon
el **chaleco**	le gilet
los **bolsillos**	les poches
el **cinturón**	la ceinture
los **tirantes**	les bretelles
los **calcetines**	les chaussettes
los **zapatos**	les souliers
de cordón, de cordones	à lacets
de charol, de ante	vernis, en daim
los **mocasines**	les mocassins
la **suela**	la semelle
el **cuero**	le cuir
zapatos cómodos	des souliers confortables
el **betún, embetunado**	le cirage, ciré
la **gorra**	la casquette
la **levita**	la redingote
el **abrigo**	le manteau
el **lito**	le liteau
el **mono**	le bleu de travail
un **terno**	un complet
un **traje**	un costume

EL PERSONAL FEMENINO — LE PERSONNEL FEMININ

un **vestido**	une robe
un **traje**	un tailleur
una **falda**	une jupe
plisada	plissée

lisa	droite
una **blusa**	un chemisier
un **delantal**	un tablier
una **bata**	une blouse de travail
la **cofia**	la coiffe
de encaje, de puntilla	en dentelle
las **medias**	les bas
los **zapatos,** el **calzado**	les chaussures
con o sin tacón	avec ou sans talon
planos	les souliers plats

LOS TEJIDOS — LES TISSUS

el **algodón**	le coton
el **lino**	le linon
la **seda**	la soie
el **sintético**	tissu synthétique
la **tela**	la toile
un **pantalón de lana**	un pantalon en laine
ajustar	ajuster
alargar	allonger
acortar	raccourcir
ceñir, un **vestido ceñido**	serrer, un vêtement serré,
un **vestido holgado**	un vêtement ample
el **corte**	la coupe
encoger	rétrécir
ensuciar, una **mancha**	salir, une tache
llevar uniforme, vestir uniforme, ir de uniforme	porter un uniforme
medir	mesurer
prendas a medida	les vêtements sur mesures
el **ancho de cuello**	le tour du cou
el **largo de manga**	la longueur de manches
corto	court
planchar	repasser
el **planchado**	le repassage

LA HIGIENE — L'HYGIENE

asqueroso	écœurant

cuidadoso	soigné, soigneux
desaliñado	négligé
el **desaliño,**	la négligence,
la **dejadez**	le laisser-aller
impecable	impeccable
limpio	propre
sucio	sale
afeitarse	se raser
el **afeitado**	le rasage
la **maquinilla de afeitar**	le rasoir électrique
la **barba**	la barbe
barbudo	barbu
el **bigote**	la moustache
bigotudo	moustachu
maquillarse	se maquiller
el **maquillaje, discreto**	le maquillage, discret
las **uñas cortas**	les ongles courts
las **uñas pintadas**	les ongles vernis
pintarse las uñas	se mettre du vernis à ongles
el **esmalte**	le vernis à ongles
pintarse los labios	se mettre du rouge à lèvres
una **barra de labios**	un rouge à lèvres
peinarse	se coiffer
el **peinado**	la coiffure
el **pelo recogido**	les cheveux serrés
el **pelo suelto**	les cheveux laches
las **melenas**	les cheveux longs
las **patillas**	les pattes

LA FORMACION — LA FORMATION

la **actividad formativa**	la formation
la **alternancia formación empleo**	l'alternance formation emploi
el **alumno**	l'élève
el **alumnado**	les élèves
la **apertura de cursos**	la rentrée, le début des cours
el **aprendizaje,** el **aprendiz**	l'apprentissage, l'apprenti
el **apunte,** los **apuntes**	les notes
la **asignatura**	la matière
el **aula**, las **aulas**	la salle de classe
la **beca**	la bourse

el **becario,** un **alumno becado**	le boursier
la **capacitación**	la qualification
capacitado	qualifié
la **clase,** una **clase de enología**	le cours, un cours d'œnologie
el **certificado de cursos cursados**	un certificat d'assiduité
la **cultura general básica**	la culture générale de base
el **cursillo**	le stage (théorique)
el **cursillo de capacitación**	le stage de formation
el **diploma**	le diplôme
la **enseñanza**	l'enseignement
la **escuela**	l'école
la **escuela de artes y oficios**	l'école professionnelle
los **estudios técnicos**	les études techniques
el **examen,** los **exámenes, escrito, oral**	l'examen, les examens, écrit, oral
una **experiencia acreditada**	une expérience reconnue
la **formación permanente**	la formation permanente
los **gastos de matriculación**	les frais d'inscription
la **graduación,** un **graduado**	les titres, quelqu'un qui a un titre
el **horario semanal**	l'emploi du temps
el **instituto**	le lycée
el **internado,** el **interno**	l'internat, l'interne
la **matriculación**	l'inscription
una **nota media**	une note moyenne
las **prácticas**	le stage (pratique)
el **premio**	la récompense
el **premiado**	le lauréat
el **profesorado,** el **cuerpo docente**	les enseignants
el **programa de estudios**	le programme des cours
el **seguimiento**	le suivi
la **teoría, teórico**	la théorie, théorique
el **título,** la **titulación**	le titre, les titres
el **tribunal**	le jury d'examen
avispado, listo	malin, intelligent

trabajador	travailleur
holgazán, vago	paresseux
distraído	distrait
olvidadizo, desmemoriado	qui oublie, sans mémoire
serio, formal	sérieux
la **seriedad,** la **formalidad**	le sérieux
gratis	gratuit
de pago	payant
de memoria, al dedillo	par cœur
bueno	bon
malo	mauvais
excelente	excellent
capacitado	qualifié
regular	passable
mediano	moyen
notable	assez bien
saliente	bien
sobresaliente	très bien
alcanzar una meta	atteindre un but
aprender	apprendre
sobre la marcha	sur le tas
aprobar, me han aprobado	réussir, j'ai réussi
apuntar, tomar apuntes	prendre des notes
apuntarse a un curso	s'inscrire à un cours
asistir a clase	aller au cours
catear, me han cateado	coller, je suis collé
me han suspendido	
celebrar el fin de curso	fêter la fin des cours
competir, la **competencia**	rivaliser, la concurrence
comportarse	se comporter
conocer, desconocer	connaître, ignorer
conseguir	obtenir, réussir
cursar	suivre un cours
dedicarse a,	se consacrer à,
la **dedicación**	l'investissement personnel
dominar (una **asignatura)**	maîtriser (une matière)
ejercitarse en	s'exercer à
enseñar	apprendre, enseigner
estar atento	être attentif
estar al día	être au courant
estudiar	étudier
examinarse	passer un examen
graduarse	passer un diplôme

impartir cursos	donner des cours
ingresar en una escuela	entrer dans une école
lograr	réussir
matricularse	s'inscrire
mejorar	améliorer, s'améliorer
pasar informe	faire un rapport
practicar	s'exercer à
premiar	récompenser
reanudar las clases	recommencer les cours
repasar	réviser
repetir año, curso	redoubler
sobrepasar, adelantar	dépasser
suspender	coller (à un examen)
tener éxito	réussir
triunfar, un **triunfador**	réussir, un battant
valerse de, servirse de	se servir
ser un pez	être un cancre
ser un empollón	être un bûcheur
ser un hueso	être un prof sévère
dar coba	faire de la lèche
hacer la pelotilla	faire de la lèche
un **cobista,** un **pelotillero**	un lèche-bottes
pelar las clases	sécher les cours

LA MOTIVACION — LA MOTIVATION

las **cualidades,** las **dotes**	les qualités, les dons
los **defectos,** los **fallos**	les fautes, les erreurs
un **empleado acogedor**	un employé accueillant
advenedizo	arriviste
afable	affable
agradable	agréable
alegre	gai
ameno	agréable
apto a	apte à
atento	attentionné

capacitado	qualifié
cuidadoso	soigneux
discreto (indiscreto)	discret (indiscret)
disponible	disponible
dispuesto	serviable
de buen talante	de bonne humeur
de buena presencia	de bonne allure
eficaz, eficiente	efficace
entrometido	indiscret
formal, serio	sérieux
hábil	habil
honrado	honnête
íntegro	honnête
sacrificado	dévoué
seguro	sûr, de confiance
servicial	serviable
simpático, con don de gentes	sympathique, qui plaît
solícito	attentionné
sonriente	souriant

la **actitud frente al trabajo**	l'attitude face au travail
la **aptitud,** la **capacidad para**	l'aptitude, la capacité
el **comportamiento**	le comportement
la **motivación**	la motivation
el **jefe**	le chef
el **subordinado**	le subordonné
el **responsable**	le responsable
un **hombre cumplido**	un homme épanoui
las **relaciones humanas**	les relations humaines
los **recursos humanos**	les ressources humaines

el **aliciente,** el **impulso**	l'attrait, le stimulant
el **incentivo,** el **estimulante**	l'attrait, le stimulant
el **ejemplo, ejemplar**	l'exemple, exemplaire
el **premio**	la récompense
la **prima**	la prime
el **regalo**	le cadeau
el **salario**	le salaire
el **poder adquisitivo**	le pouvoir d'achat
el **nivel de vida**	le niveau de vie
la **excelencia**	l'excellence
satisfactorio	satisfaisant
la **advertencia**	la réprimande
el **castigo**	la punition
el **desencanto,** la **desilusión**	la déception
el **esfuerzo**	l'effort
la **impotencia**	l'impuissance
la **queja**	la plainte

el **soborno**	la corruption
con ganas	avec plaisir
a desgana	de mauvais gré, à contrecœur
el **aburrimiento, aburrido**	l'ennui, ennuyant
rutinario, monótono	monotone
el **aislamiento**	l'isolement
la **fragmentación del trabajo**	la taylorisation
el **trabajo estandarizado**	la standardisation du travail
cumplir con el trabajo	faire bien son travail
una **tarea bien hecha**	un travail bien fait
la **iniciativa**	l'initiative
la **eficacia**	l'efficacité
un **ambiente grato**	une ambiance satisfaisante
un **clima participativo**	un climat de participation
las **condiciones de trabajo**	les conditions de travail
la **coordinación**	la coordination
la **productividad**	la productivité
la **valía,**	la valeur,
una **persona valiosa**	une personne de valeur
la **meta,** el **objetivo**	le but, l'objectif
el **objetivo prefijado**	l'objectif fixé d'avance
alcanzar, conseguir una meta	atteindre un but
una **meta desafiante**	un challenge
un **reto,** un **desafío**	un défi
una **apuesta**	un pari
apostar	parier
un **triunfo**	une réussite
triunfar	réussir
unas **trabas,** una **pega**	une contrainte
aumentar	augmenter
un **aumento**	une augmentation
alcanzar	atteindre
alentar	encourager
cambiar	changer
un **cambio**	un changement
conseguir	atteindre, réussir
determinar una meta	fixer un objectif
ejecutar un trabajo	exécuter un travail
ejercer un oficio	exercer un métier
encargar una tarea	confier un travail
encontrar satisfacción	trouver une satisfaction
estimular	stimuler
evaluar	évaluer

fomentar, promover	promouvoir, inciter
impulsar, incentivar	stimuler, encourager
mejorar	améliorer
planear cambios	prévoir des changements
proporcionar satisfacción	procurer du plaisir, contenter
quejarse	se plaindre
realizar un trabajo	faire, accomplir un travail
realizarse en el trabajo	s'épanouir, s'accomplir dans son travail
resolver problemas	résoudre des problèmes
satisfacer	satisfaire
ser reconocido	être apprécié, reconnu
subir el escalafón	monter en grade, dans la hiérarchie
tomar decisiones	prendre des décisions
triunfar	réussir

LA VIDA LABORAL — LE MONDE DU TRAVAIL

el **abanico de salarios**	l'éventail des salaires
el **absentismo**	l'absentéisme
el **acuerdo**	l'accord
la **admonestación,** la **advertencia**	le blâme
el **asalariado**	le salarié
el **ascenso, le han ascendido**	la promotion, il a été promu
ascender por antigüedad	passer à l'ancienneté
aumentar un salario, un **aumento**	une augmentation de salaire
un **aviso previo**	un préavis
la **baja**	un arrêt de travail
dar de baja	avoir un arrêt de travail
estar de baja por enfermedad	être en congé de maladie
una **banda salarial**	une fourchette de salaires
las **cargas sociales**	les charges sociales
cobrar	toucher de l'argent
una **colocación**	un emploi, une place
estar colocado	avoir un emploi
el **comité,** el **jurado de empresa**	le comité d'entreprise

la **congelación de salarios**	le blocage des salaires
el **contrato**	un contrat
de duración indefinida	de longue durée
de duración determinada	à courte durée
a tiempo parcial	à temps partiel
la **caducación de un contrato**	l'expiration d'un contrat
la **contratación**	l'embauche
un **convenio colectivo,** un **pacto**	une convention collective
un **currículo,** el **historial**	un curriculum vitae
la **deducción sobre salario**	la retenue sur salaire
los **delegados del personal**	les délégués du personnel
el **desempleo,** el **paro**	le chômage
despedir	licencier
el **despido**	le licenciement
un **día laborable**	un jour ouvrable
de asueto	libre, de congé
festivo	chômé, de congé
una **discrepancia**	un différend
discrepar	ne pas être d'accord
la **economía sumergida**	l'économie souterraine
el **trabajo clandestino**	le travail au noir
el **empleo**	l'emploi
de dedicación exclusiva	à temps plein
a tiempo compartido	à temps partiel
de media jornada	à mi-temps
la **entrevista previa**	l'entretien préalable
el **escalafón**	l'échelle indiciaire
subir el escalafón	monter en grade
el **examen médico**	l'examen médical
el **chequeo**	le check-up
el **certificado de salud**	le certificat de santé
el **expediente,**	un rapport, une enquête
abrir un expediente	faire un rapport
ganarse la vida	gagner sa vie
las **gestiones**	les démarches
las **horas extras**	les heures supplémentaires
la **huelga**	la grève
de brazos cruzados	sur le tas
general	générale
intermitente	perlée
alternativa, por turno	tournante
convocar una huelga	décider une grève
dar la orden de huelga	décider une grève
declararse en huelga	décider une grève

presentar una solicitud de huelga	déposer un préavis de grève
entablar negociaciones	entamer des négociations
reanudar el trabajo	recommencer le travail
el huelguista	le gréviste
el cierre	la fermeture, le lock-out
las **indemnizaciones**	les indemnisations
la **jornada laboral intensiva**	la journée continue
semiintensiva	avec arrêt
la **jubilación**	la retraite
el **jubilado**	le retraité
la **jubilación anticipada**	la préretraite
el **prejubilado**	le préretraité
la **pensión**	la retraite (le montant)
la **magistratura del trabajo**	le conseil des prud'hommes
la **nómina**	la liste du personnel la feuille de paie
la **oferta de empleo**	l'offre d'emploi
el **paro,** el **desempleo**	le chômage
la **tasa de paro**	le taux de chômage
el **parado**	le chômeur
el **patrono**	le patron
la **patronal**	le patronat
pedir aumento de jornal	demander une augmentation de salaire
pedir permiso	demander une autorisation
la **plantilla**	le personnel
el **plazo**	le délai
ponerse a trabajar	commencer à travailler
el **preaviso**	le préavis
premiar	récompenser
el **puesto de trabajo**	le poste de travail
el **reclutamiento**	le recrutement
el **reintegro**	la réintégration
la **reivindicación**	la revendication
las **relaciones laborales**	les relacions de travail
el **rendimiento**	le rendement
los **requisitos**	les formalités
la **rotación del personal**	le turn over
un **salario**	un salaire

mínimo	minimum
de pacto colectivo	fixé par convention collective
la escala de salarios	l'échelle des salaires
el **seguro social,** la **seguridad social**	la sécurité sociale
la **cobertura social**	la couverture sociale
una **sentada**	un sitting
el **sindicato**	le syndicat
el **socorro**	le secours
el **subsidio de desempleo**	l'allocation chômage
la **subcontratación**	la sous-traitance
el **sueldo,** la **paga,** el **salario**	la salaire
la **tarea**	la tâche
un **trabajo**	un travail
agotador	épuisant
eventual	intérimaire
estacional	saisonnier
fijo	fixe
temporario	temporaire
temporero	temporaire, saisonnier
los **trámites,** la **tramitación**	les démarches
las **vacaciones pagadas**	les congés payés
una **vuelta de tuerca**	un tour de vis

El personal = *le personnel*

Con las horas extras sus ingresos pueden duplicar
Grâce à ses extras, son revenu peut doubler

Esto no puede ser
Celà ne va pas

No me fío de este camarero
Je n'ai pas confiance en ce serveur

Necesito más garantías
Il me faut d'autres garanties

Tiene mal genio, lo ha hecho adrede
Il a mauvais caractère, il l'a fait exprès

Es una buena persona
C'est quelqu'un de bien

No te preocupes, confiamos en ti
Ne t'inquiète pas, nous avons confiance en toi

Ne te apures, ya sabemos lo discreto que eres
Ne t'inquiète pas, nous savons comme tu es discret

¿ Cuántos años tiene Vd ?
Quel âge avez-vous ?

¿ Ha terminado la mili ?
Etes-vous libéré de vos obligations militaires ?

¿ Cuándo y dónde empezó Vd a trabajar ?
Quand et où avez-vous commencé à travailler ?

Trabajé tres años en el restaurante Arzak
J'ai travaillé trois ans chez Arzak

Si el cliente te pregunta algo, contéstale sólo con unas cuentas palabras
Si le client te pose une question, réponds-lui très brièvement

Si los clientes te molestaran, tendrías que avisar al jefe
Si les clients t'ennuyaient, il faudrait prévenir le chef

La gobernanta se encarga de todo
La gouvernante se charge de tout

Si lo necesita, no dude en llamarme
Si vous avez besoin de moi, n'hésitez pas à m'appeler

¿ Puede repartir esto entre el personal ?
Pouvez-vous distribuer ceci au personnel ?

LA COCINA

TERMINOS CULINARIOS | TERMES CULINAIRES

aderezar	orner
adicionar	ajouter
adobar	mariner
agregar	ajouter
ahumar	fumer
aliñar	assaisonner
amasar	malaxer, pétrir
añadir	ajouter
arrimar	rapprocher
asar	rôtir
azucarar	sucrer
batir	battre (les œufs)
brasear	braiser
brindar, el **brindis**	trinquer, un toast
brindar por alguien	boire à la santé de quelqu'un
catar	déguster, goûter le vin
calentar	chauffer
clarificar	clarifier
cocer	cuire

colar	passer
comer	manger
colocar	placer
condimentar	assaisonner
congelar	congeler
cortar	couper
cortar a ruedas	couper en rondelles
cortar a tiras	couper en lanières
cuajar	coaguler
deshacer	défaire
deshuesar	désosser, dénoyauter
desmenuzar	émietter
desmigar	émietter le pain
desmoldar	démouler
desespinar	enlever les arêtes
despachurrar	écraser
despepitar	épépiner
desplumar	plumer
destapar	découvrir
disolver	dissoudre
dorar	dorer
echar vino	verser du vin
embriagarse	s'enivrer
enfriar	refroidir
enharinar	fariner
escaldar	échauder
escalfar	pocher
escanciar	verser un liquide
espolvorear	saupoudrer
espumar	écumer
estofar	cuire à l'étouffée
extender	étendre
flambear	flamber
freír	frire
frotar	frotter
guisar	préparer un plat
un **guisado**	un ragoût
el **gratén**	le gratin
glasear	glacer
gratinar	gratiner
helar	geler
hervir	bouillir

agua hirviendo	de l'eau bouillante
agua tibia	de l'eau tiède
incorporar	incorporer
lavar	laver
ligar	lier une sauce
limpiar	nettoyer
macerar	macérer
machacar	écraser
majar	écraser
marinar	mariner
mechar	barder
mezclar	mélanger
mondar	éplucher
pelar	éplucher, peler
pelar a lo vivo	peler à vif, éplucher à vif
picar	hacher
el **picadillo**	le hachis
poner a calentar	réchauffer
probar	goûter
quemar	brûler
rallar	râper
rebozar	paner
recalentar	réchauffer
reducir	réduire
refrescar	rafraîchir
rehogar	faire revenir
rellenar	farcir
el **relleno**	la farce
remojar	faire tremper
rociar	arroser
romper	briser
sazonar	assaisonner
secar	sécher
sofreír, el **sofrito**	faire revenir
tapar	couvrir
tostar	griller
la **tostada**	le toast
trocear	couper en morceaux
el **trozo**	le morceau
untar	enduire

vaciar	vider

EL MATERIAL	LE MATERIEL
el **abrelatas**	l'ouvre-boîte
el **almirez**	le mortier, le pilon
la **amasadora**	le malaxeur
la **aljofifa**	la serpillère
la **balanza**	la balance
la **balleta**	la serpillère
el **barreño**	la bassine
la **batería de cocina**	la batterie de cuisine
la **batidora**	le mixeur
la **besuguera**	la turbotière
el **bol**	le bol, le saladier
los **botes**	les pots
la **campana**	le couvercle en forme de cloche
el **cazo**	la louche, la casserole
la **cazuela**	la cocotte
el **chino**	le tamis, le chinois
el **colador**	la passoire
el **cubo**	le seau
la **cuchara de palo**	la cuillère en bois
el **cucharón**	la louche
el **cuchillo**	le couteau
el **embudo**	l'entonnoir
la **escobilla**	le goupillon
el **escurreplatos**	l'égouttoir
la **espumadera**	l'écumoire
la **espátula**	la spatule
el **estropajo**	la lavette
la **exprimidora**	le presse-citron
el **fogón**	le fourneau
la **freídora**	la friteuse
el **grifo**	le robinet
la **heladora**	la glacière
el **hornillo de gas**	le fourneau à gaz
el **hornillo eléctrico**	le réchaud électrique
el **horno**	le four

el **horno de panadero**	le four à pain
el **horno de microondas**	le four à micro-ondes
el **lavaplatos**, el **lavavajillas**	le lave-vaisselle
la **manga pastelera**	la poche à douille
el **molde**	le moule
la **mondadora**	l'éplucheuse
el **mortero**	le mortier
la **olla**	la marmite
la **olla a presión**	la cocotte minute
la **parrilla**	le grill
el **pasapuré**	le presse-purée
la **peladora de patatas**	l'éplucheuse
el **picador**	le hachoir
la **pila**	le bac à vaiselle
el **fregadero**	l'évier
el **quemador**	le brûleur
el **rallador**	la râpe
la **rejilla**	la grille du four
el **rodillo**	le rouleau à pâtisserie
la **sartén**	la poêle
la **sierra**	la scie
la **tabla de picar**	la planche à hacher
el **tajo**	le tranchoir
la **tinaja**	la jarre
la **trituradora**	le broyeur
la **varilla**	le fouet

LA CONSERVACION

LA CONSERVATION

ahumar el jamón	fumer le jambon
curar	sécher
jamón curado	jambon cru
congelar	congeler, surgeler
la **congelación**	la congélation, la surgélation
conservación en el frigorífico	conservation au réfrigérateur

la **deshidratación**	la déshydratation
los **productos deshidratados**	les produits déshydratés
la **esterilización, esterilizar**	la stérilisation, stériliser
fruta conservada en alcohol	fruits à l'alcool
la **liofilización**	la lyophilisation
los **productos liofilizados**	les produits lyophilisés
los **platos precocinados**	les plats précuisinés
refrigerar	congeler
carne refrigerada	viande "congelée"
salazón, en salmuera	le saumurage
bacalao en sal	morue conservée dans le sel
al vacío	sous-vide

LOS CONTENEDORES — LES CONTENANTS

una **barqueta de aluminio**	une barquette d'aluminium
la **bolsa**	le sac en plastique
la **bota**	la gourde
el **bote**	le flacon, le pot
la **botella**	la bouteille
los **cacharros de cocina,**	les ustensiles de cuisine
el **cántaro**	la cruche
la **copa**	la coupe, le verre à pied
el **embalaje**	l'emballage
el **envase**	le récipient
el **envase sellado**	emballage hermétique
la **jarra de agua**	le pot à eau
el **jarro**	le pichet
la **lata**	la boîte de conserves
el **enlatado**	la mise en boîte
el **papel aluminio**	le papier aluminium
el **puchero**	la marmite
el **recipiente**	le récipient
el **tarro de mermelada**	le pot de confiture
el **vaso**	le verre

METODOS DE COCCION	MODES DE CUISSON
a la americana	à l'américaine
al azul	au bleu
al baño maría	au bain marie
a la bordelesa	à la bordelaise
al horno	au four
a la marinera	à la marinière
a la molinera	meunière
a la navarra	à la mode de Navarre
a la papillote,	en papillotte
a la parrilla,	sur le grill (au feu de bois)
a la plancha	sur le grill (électrique)
a presión	à la pression
al vacío	sous-vide
al vapor	à la vapeur

LAS AVES	LES VOLAILLES
la **alondra**	l'alouette
la **becada**	la bécasse
el **capón**	le chapon
la **chocha**	la bécasse
la **codorniz**	la caille
el **faisán**	le faisan
la **foja**	la poule d'eau
la **gallina**	la poule
el **gallo**	le coq
el **ganso**	l'oie
la **oca**	l'oie

la **paloma**	la palombe
el **pato**	le canard
el **pato silvestre**	le canard sauvage
la **pava**	la dinde
el **pavo**	le dindon
el **perdigón**	le perdreau
la **perdiz**	la perdrix
el **pichón**	le pigeon
la **pintada**	la pintade
el **pollo**	le poulet
el **ala**	l'aile
el **alón**	l'aile
los **menudillos**	les abats
la **molleja**	le gésier
el **muslo**	la cuisse
la **pechuga**	le blanc
pelar un pollo	plumer un poulet

LA CAZA — LE GIBIER

la **caza mayor**	le gros gibier
la **caza menor**	le petit gibier
el **conejo**	le lapin
el **conejo de campo**	le lapin de garenne
el **ciervo**	le cerf
el **corzo**	le chevreuil
el **jabalí**	le sanglier
el **gamo**	le daim
la **liebre**	le lièvre

PESCADOS Y CRUSTACEOS — POISSONS ET CRUSTACES

un **pez de mar**	un poisson de mer

un **pez de río**	un poisson d'eau douce
el **abadejo**	le cabillaud
la **almeja**	la clovisse, la palourde la praire
la **anchoa**	l'anchois
la **anguila**	l'anguille
las **angulas**	les civelles
la **araña**	la vive
el **arenque**	le hareng
el **atún**	le thon
el **atún blanco del Atlántico**	le thon blanc de l'Atlantique
el **bacalao**	la morue
la **barbada**	la barbue
el **barbo**	le barbeau
los **berberechos**	les bucardes, les coques
el **bígaro**	le bigorneau
el **bogavante**	le homard
el **bonito**	le thon
el **boquerón**	l'anchois frais
el **besugo**	la dorade
la **breca**	l'ablette, l'albur
la **caballa**	le maquereau
el **calamar**	la seiche, le calmar
el **camarón**	la crevette
el **cangrejo de mar**	le crabe
el **cangrejo de río**	l'écrevisse
cangrejos nadando	écrevisses à la nage
una **pirámide de cangrejos**	un buisson d'écrevisses
el **caracol**	l'escargot
la **carpa**	la carpe
el **centollo**	le tourteau
los **chanquetes**	les blanchailles, les nonats
la **chirla**	la petite clovisse
el **chicharro**	le maquereau
el **chipirón**	le calmar
las **cocochas**	les joues de lotte
la **concha**	le coquillage
el **congrio**	le congre
el **crustáceo**	le crustacé
el **erizo de mar**	l'oursin
la **escorpina**	la rascasse
la **esquila**	la crevette
el **esturión**	l'esturgeon
el **filete**	le filet

sacar filetes	couper en filets
la **gamba**	le bouquet
el **gobio**	le goujon
el **hipogloso**	le flétan
la **langosta**	la langouste
el **langostino**	la langoustine
el **lenguado**	la sole
la **lubina**	le loup de mer, le bar
el **lucio**	le brochet
el **lucioperca**	le sandre
los **mariscos**	les coquillages
el **mejillón**	la moule
la **merluza**	le colin, le merlan
el **mero**	le mérou
el **mújol**	le mulet
la **nécora**	l'étrille
la **ostra**	l'huître
el **pejepalo**	le haddock
la **perca**	la perche
el **percebe**	le pousse-pied
la **pescadilla**	le petit merlan
el **pez espada**	l'espadon
la **platija**	la limande, la plie, le carrelet
el **pulpo**	le poulpe
la **quisquilla**	la crevette
la **rana**	la grenouille
las **ancas de rana**	les cuisses de grenouilles
el **rape**	la baudroie, la lotte
la **raya**	la raie
el **reo**	la truite de mer
la **rescaza**	la rascasse
el **rodaballo**	le turbot
el **róbalo**	le bar
el **rubio**	le grondin
el **sábalo**	l'alose
el **salmón**	le saumon
el **salmonete**	le rouget
la **sardina**	la sardine

la **sepia**	la seiche
el **tiburón**	le requin
la **tenca**	la tanche
la **trucha**	la truite
la **trucha de vivero**	la truite d'élevage
la **trucha de río**	la truite de rivière
la **trucha salmonada**	la truite saumonée
la **vieira**	la coquille St-Jacques
las **volandeiras**	les pétoncles
las **agallas**	les ouïes
las **aletas**	les nageoires
la **cola**	la queue
la **carne**	la chair
la **concha**	la coquille
el **caparazón**	la carapace
las **escamas**	les écailles
la **espina**	l'arête
la **espuma de pescado,**	terrine de poisson, mousse
la **gelatina de pescado**	l'aspic de poisson
las **huevas**	les œufs de poissons
una **lata de sardinas**	une boîte de sardines
la **lecha**	la laitance
los **medallones**	les médaillons
la **mojama**	le thon salé
el **momio**	la chair
pescado a la vizcaina	poisson préparé à la mode de Vizcaya
pescado rebozado	du poisson enfariné
un **pescado agrio**	un poisson passé, avarié
un **pescado ahumado**	un poisson fumé
un **pescado curado**	un poisson séché
un **pescado delicado**	un poisson délicat, fin
un **pescado escabechado**	un poisson mariné
un **pescado fresco**	un poisson frais
un **pescado salado**	un poisson salé
un **pescado seco**	un poisson séché
el **pescador**	le pêcheur

el **pescadero**	le poissonnier
la **pescadería**	la poissonnerie
la **pinza**	la pince
un **plato de pescado**	un plat de poisson
la **raspa**	la petite arête
las **rodajas de pescado**	les tranches de poisson, les darnes
sardinas en aceite	sardines à l'huile
sardinas en escabeche	sardines à la marinade

la carne de cordero, la viande de mouton

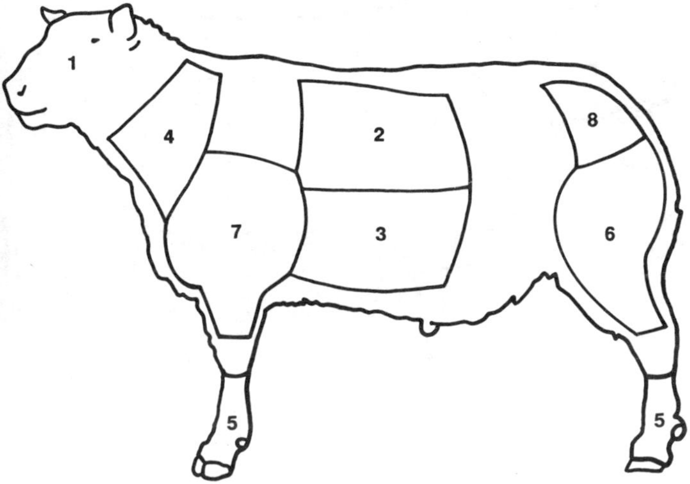

el **barón**	le baron
el **carnero**	le mouton
el **cordero**	l'agneau
el **cordero lechal**	l'agneau de lait
la **cabeza** (1)	la tête
la **chuleta** (2)	la côte
de palo	première
de riñonada	découverte
las **criadillas**	les testicules
la **costilla** (3)	la côtelette
el **cuello** (4)	le collier
las **patas** (5)	les pattes
la **paletilla** (7)	l'épaule
la **pierna** (6)	le gigot
la **silla** (8)	la selle
el **ternasco**	l'agneau de lait

la carne de vaca, la viande de bœuf

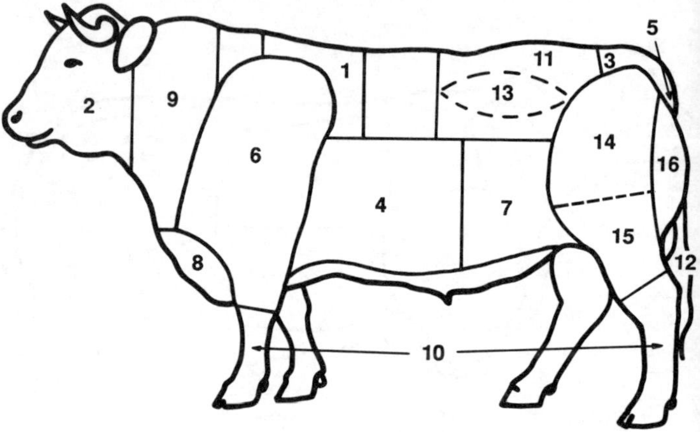

la **aguja (1)**	les côtes découvertes
el **bistec**	le beefsteak
el **brazuelo**	le jarret
la **cabeza (2)**	la tête
la **cadera (3)**	la pointe de culotte
la **contra**	la cuisse
el **costillar (4)**	les côtes plates
la **culota (5)**	la culotte
la **espalda (6)**	l'épaule
la **espadilla**	la macreuse
la **falda (7)**	le flanchet
el **pecho (8)**	la pointe de grumeau
el **filete**	le steak
el **pescuezo (9)**	le cou
el **jarrete (10)**	le jarret
la **lengua**	la langue
el **lomo (11)**	le contre-filet
el **morcillo**	le jarret
la **oreja**	l'oreille
el **rabo (12)**	la queue
el **solomillo (13)**	le filet
la **babilla (14)**	le gîte, la noix
el **redondo (16)**	la bavette
la **contra (15)**	le gîte

la carne de cerdo, la viande de porc

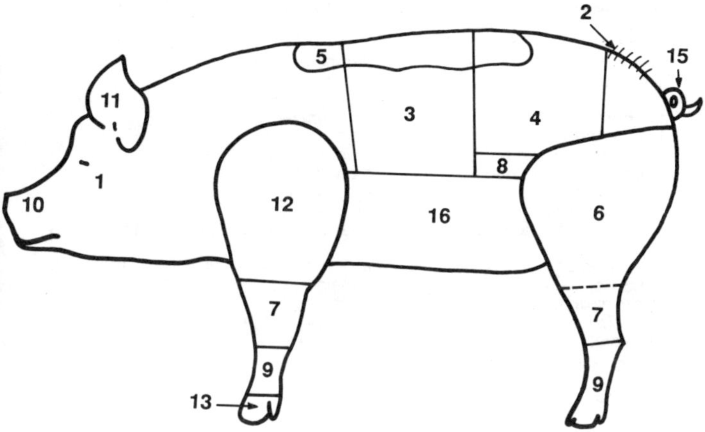

la **cabeza** (1)	la tête
los **callos**	les tripes
las **cerdas** (2)	les soies
la **chuleta de palo** (3)	côtes premières
la **chuleta de riñonada** (4)	les côtes dans l'échine
la **grasa** (5)	le lard gras
el **jamón** (6)	le jambon
el **lacón** (7)	le jambonneau
el **lomo** (8)	le filet mignon
las **manos** (9)	les pieds
el **morro** (10)	le groin
las **orejas** (11)	les oreilles
la **paleta** (12)	la palette
el **pernil** (6 + 7)	la gigue, la cuisse
la **pezuña** (13)	le sabot
la **piel**	la peau
el **rabo** (15)	la queue
el **tocino** (16)	la poitrine

el **cerdo**	le cochon
el **cerdo ibérico**	le porc ibérique
el **cochinillo, lechón**	le cochon de lait
el **puerco**	le porc
porcino	porcin
la **carne en canal**	la carcasse
el **corte**	la coupe
la **loncha**	la tranche
el **taco**	le morceau, petit dé
la **chacina**	la charcuterie
la **chacinería, salchichería**	la charcuterie (magasin)
el **chacinero**	le charcutier
el **morcillero**	le charcutier
los **embutidos**	les charcuteries
un **surtido de fiambres**	un assortiment de viandes froides
la **butifarra**	la saucisse (Catalogne) "boutifarre"
la **carne magra**	le maigre
la **casquería**	la triperie
la **cecina**	la viande séchée
la **cervelata**	le cervelas
el **chorizo**	le chorizo
el **hígado**	le foie
el **jamón curado**	le jambon cru
el **jamón serrano**	le jambon de pays
la **longaniza**	la saucisse
la **manteca**	le saindoux
la **morcilla**	le boudin
el **morcillón**	l'estomac farci
el **morcón**	gros saucisson
los **riñones**	les rognons
la **salchicha**	la saucisse
el **salchichón**	le saucisson
la **sobrasada**	la sobresade
el **tocino**	le lard
adobar , el **adobo**	faire mariner, la marinade
ahumar, ahumado	fumer, fumé
cebar, cebado	nourrir, gaver, nourri, gavé
criar	élever
curar, curado	faire sécher, séché
degollar	égorger
matar, la **matanza**	tuer, l'abattage
rellenar	farcir
salado, la **salazón**	salé, la salaison

la carne de ternera, la viande de veau

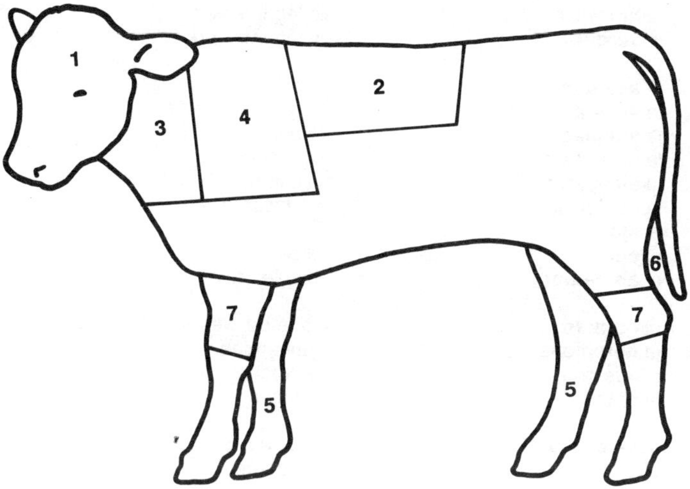

el **barón**	le baron
la **cabeza (1)**	la tête
los **callos**	les tripes
la **chuleta**	la côtelette
el **corazón**	le cœur
el **costillar (2)**	le carré
el **cuello (3)**	le collier
el **escalope**	l'escalope
el **hígado**	le foie
el **jarrete**	le jarret
el **lomo**	la longe
las **mollejas**	les ris
la **paleta (4)**	l'épaule
las **patas (5)**	les pattes
la **popieta**	la paupiette
el **rabo (6)**	la queue
el **riñon**	le rognon
la **silla**	la selle
el **morcillo (7)**	le jarret (osso-bucco)

LAS VERDURAS	LES LEGUMES (verts)
la **hortaliza**	le légume vert
la **verdura**	le légume vert
la **acedera**	l'oseille
la **acelga**	la bette, la blette
la **albahaca**	le basilic
la **alcachofa**	l'artichaut
la **alcaparra**	la câpre
la **achicoria**	la chicorée
el **ajo**	l'ail
el **apio**	le céleri
el **apio nabo**	le céleri rave
el **boniato**	sorte de patate
la **berenjena**	l'aubergine
los **berros**	le cresson
la **berza**	le chou
la **calabaza**	la citrouille, le potiron
el **calabacín**	la courgette
el **canónigo**	la mâche
el **cardo**	le cardon
la **cebolla**	l'oignon
la **cebolleta**	la ciboulette
la **col**	le chou
la **col brecolera**	le chou brocoli
la **col de Bruselas**	le chou de Bruxelles
la **coliflor**	le chou fleur
la **chalota**	l'échalote
el **champiñón**	le champignon de Paris
el **diente de león**	le pissenlit
la **endivia**	l'endive
la **endibia**	l'endive
la **ensalada**	la salade
la **escarola**	la scarole
la **escapona**	l'échalote
el **espárrago**	l'asperge
el **espárrago triguero**	l'asperge précoce (à pointe verte)
las **espinacas**	les épinards

los **grelos**	les fleurs de navets
la **guindilla**	le piment rouge
el **guisante**	le petit pois
la **habichuela**	le haricot blanc
la **alubia**	le haricot blanc
la **judía**	le haricot blanc
el **hinojo**	le fenouil
el **hongo**	le champignon (comestible ou non)
la **judía verde**	le haricot vert
los **hilos,** las **hebras**	les fils
quitar los hilos	enlever les fils
la **lechuga**	la laitue
el **cogollo**	le cœur de laitue
la **lombarda**	le chou rouge
el **maíz**	le maïs
la **menta**	la menthe
la **morilla**	la morille
el **múzcalo**	la girolle
el **nabicol**	le chou rave
el **colinabo**	le chou rave
el **nabo**	le navet
la **oronja**	l'oronge
la **patata**	la pomme de terre
el **pepinillo**	le cornichon
el **pepino**	le concombre
el **perejil**	le persil
el **perifollo**	le cerfeuil
el **pimiento**	le piment
el **pimiento morrón**	le poivron
el **puerro**	le poireau
el **rabanito**	le radis
el **rábano**	le radis noir
el **rábano picante**	le raifort
la **remolacha**	la betterave
el **repollo**	le chou pommé
el **ruibarbo**	la rhubarbe
el **salsifí**	le salsifis
la **escorzonera**	le salsifis

la **seta**	le champignon des bois le cèpe
el **tomate**	la tomate
la **trufa**	la truffe
la **criadilla de tierra**	la truffe
la **zanahoria**	la carotte
las **flores**	les fleurs
los **frutos**	les fruits
las **hojas**	les feuilles
las **raíces**	les racines
los **tallos**	les tiges
el **huerto**	le jardin potager
cortar las hojas	couper les feuilles
deshojar el maíz	égrener le maïs
desgranar	égrener
desvainar	écosser
deshuesar	ôter le noyau
madurar	mûrir
mondar una manzana	éplucher une pomme
pelar una patata	éplucher les pommes de terre
sacar las patatas	arracher les pommes de terre
sazonar	mûrir
secar	sécher
una **berenjena acuosa**	une aubergine aqueuse
una **cosecha abundante**	une récolte abondante
una **escarola fresca**	une scarole fraîche
un **espárrago fibroso**	une asperge fibreuse
un **hongo harinoso**	un champignon farineux
un **hongo venenoso**	un champignon vénéneux
un **pimiento maduro**	un poivron mûr
una **vaina de guisantes vacía**	une gousse de petits pois vide

LAS LEGUMBRES	LES LEGUMES (secs)
la **alubia**	le haricot blanc ou vert
la **judía**	le haricot blanc ou vert
el **arroz**	le riz
el **garbanzo**	le pois chiche
el **guisante**	le petit pois
el **haba (las habas)**	la fève
la **lenteja**	la lentille
la **patata**	la pomme de terre

LAS PASTAS	LES PATES
los **canelones**	les canelonis
el **cus-cus**	le coucous
los **espaguetis**	les spaghettis
las **estrellas**	les étoiles
el **fideo**	le vermicelle
las **lasañas**	les lasagnes
los **lazos**	les rubans
los **macarrones**	les macaronis
los **ñoquis**	les gnocchis
las **plumas**	les plumes
los **raviolis**	les raviolis
la **sémola**	la semoule
los **tallarines**	les tagliatelles, les nouilles
los **tiburones**	les coudes, les coquillettes

LOS HUEVOS	LES ŒUFS
la **cáscara**	la coquille
la **clara**	le blanc
la **yema**	le jaune
la **huevera**	le coquetier

MANERAS DE PREPARLOS	PREPARATIONS DIVERSES
la **cocción**	la cuisson
huevos al plato	œufs sur le plat
huevos duros	œufs durs
huevos escalfados	œufs pochés
huevos fritos	œufs frits
huevos pasados por agua	œufs à la coque
huevos revueltos	œufs brouillés
huevos a la flamenca	œufs à la flamande
la **tortilla**	l'omelette
tortilla a la francesa	omelette à la française (nature)
tortilla a la española	omelette à l'espagnole (aux pommes de terre)
tortilla con finas hierbas	omelette aux fines herbes
tortilla con jamón	omelette au jambon
tortilla con queso	omelette au fromage
tortilla con atún	omelette au thon
tortilla con setas	omelette aux champignons

LAS SALSAS	LES SAUCES
el **alioli**	l'ailloli
la **salsa vinagreta**	la sauce vinaigrette
la **salsa bechamel**	la sauce béchamel
la **salsa bearnesa**	la sauce béarnaise
la **salsa holandesa**	la sauce hollandaise
la **salsa mayonesa**	la sauce mayonnaise
la **pipirrana**	la sauce aux légumes (ratatouille épicée)
la **salsa poulette**	la sauce poulette

la **salsa tártara**	la sauce tartare
la **salsa de tomate**	la sauce tomate
la **salsa de vino**	la sauce au vin
la **salsa romesco**	la rouille

LAS FRUTAS	LES FRUITS
el **albaricoque**	l'abricot
el **albérchigo**	l'abricot
la **aceituna**	l'olive
el **aguacate**	l'avocat
la **algarroba**	la caroube
la **almendra**	l'amande
el **arándano**	l'airelle
la **avellana**	la noisette
la **bergamota**	la bergamote
la **castaña**	la châtaigne
la **cereza**	la cerise
la **guinda**	la cerise
la **cidra**	le cédrat
la **ciruela**	la prune
la **ciruela pasa**	le pruneau
la **chirimoya**	l'anone
la **chufa**	l'orgeat
el **coco**	la noix de coco
el **dátil**	la datte
la **fresa**	la fraise des bois
el **fresón**	la grosse fraise
la **frambuesa**	la framboise
la **granada**	la grenade
la **grosella**	la groseille
la **grosella negra**	le cassis
la **guayaba**	la goyave
el **higo**	la figue
el **higo chumbo**	la figue de barbarie
el **kiwi**	le kiwi

el **limón**	le citron
el **mango**	la mangue
la **mandarina**	la mandarine
la **manzana**	la pomme
el **melocotón**	la pêche
el **melón**	le melon
el **membrillo**	le coing
la **mora**	la mûre
la **naranja**	l'orange
el **níspero**	la nèfle
la **nuez**	la noix
la **papaya**	la papaye
la **pera**	la poire
la **piña**	l'ananas
el **piñón**	le pignon
el **plátano**	la banane
el **pomelo**	le pamplemousse
la **sandía**	la pastèque
la **toronja**	l'orange amère, le cédrat
la **uva**	le raisin
el **racimo de uvas**	la grappe de raisin
una **fruta agusanada**	un fruit véreux
una **fruta blanda**	un fruit mou
una **fruta confitada, glaseada, escarchada**	un fruit confit
una **fruta dulce**	un fruit sucré
una **fruta dura**	un fruit dur
una **fruta exótica**	un fruit exotique
una **fruta jugosa**	un fruit juteux
una **fruta madura**	un fruit mûr
una **fruta pasada**	un fruit blet
una **fruta picada**	un fruit abimé
una **fruta sabrosa**	un fruit savoureux

una **fruta sana**	un fruit sain
una **fruta seca**	un fruit sec
una **fruta temprana**	un fruit précoce
una **fruta tropical**	un fruit tropical
una **fruta verde**	un fruit vert
los **agrios**	les agrumes
los **cítricos**	les agrumes
apalear las nueces	gauler les noix
cosechar las frutas	cueillir les fruit
estrujar una fruta	presser un fruit
un **gajo de naranja**	un quartier d'orange
el **hueso**	le noyau
mondar	éplucher
las **mondaduras**	les épluchures
las **pepitas**	les pépins
la **piel**	la peau
una **raja de sandía**	une tranche de pastèque
una **rodaja de limón**	une tranche de citron

La cocina = *la cuisine*

El chef reconoce su error
Le chef reconnaît son erreur

Me sabe bien este pastel
J'aime bien ce gâteau

Estoy harto de comer pescado
J'en ai assez de manger du poisson

Son las hortalizas del huerto
Ce sont les légumes du potager

Las aves se criaron en la granja
Ce sont des volailles fermières

La trucha se acaba de pescar
La truite vient d'être pêchée

Esto tiene un gusto amargo
Ceci a un goût amer

Me parece que esto es demasiado fuerte
Je trouve que c'est un plat trop riche

Prefiero la carne bien hecha
Je préfère la viande bien cuite

¿ Se puede beber vino tinto con las ostras ?
Peut-on boire du vin rouge avec les huîtres ?

¿ Cuántos grados tiene este vino ?
Combien de degrés a ce vin ?

El 90 es un buen año para el vino
90 est une bonne année pour le vin

RESTAURANTES

DIFERENTES LUGARES DONDE SE COME Y DONDE SE BEBE

DIFFERENTS ENDROITS OU L'ON MANGE ET OU L'ON BOIT

el **albergue** — l'auberge de route

el **bar** — le bar
la **bodega** — la cave à vin

el **café** — le café
la **cafetería** — la cafétéria
la **cantina** — la cantine
la **casa de comidas** — la cantine
la **cervecería** — la brasserie
el **chiringuito** — la buvette
la **chocolatería** — le salon de thé
la **churrasquería** — la rôtisserie
la **churrería** — où l'on vend des "churros"

la **fonda** — le restaurant

el **merendero**	le salon de thé, restaurant de plage
la **mesa redonda**	la table d'hôte
el **mesón**	l'auberge rustique
la **posada**	l'auberge
el **restaurán**	le restaurant
el **restaurante**	le restaurant
la **taberna**	la taverne
la **tasca**	le bistrot
la **venta**	l'auberge de route
un **restaurante atiborrado**	un restaurant bondé
un **restaurante barato**	un restaurant bon marché
un **restaurante caro**	un restaurant cher
un **restaurante céntrico**	un restaurant central
un **restaurante de categoría**	un restaurant chic
un **restaurante encopetado**	un restaurant chic
un **restaurante famoso**	un restaurant renommé
un **restaurante frecuentado**	un restaurant fréquenté
un **restaurante lleno**	un restaurant complet
un **restaurante selecto**	un restaurant chic
un **restaurante sencillo**	un restaurant simple
un **restaurante típico**	un restaurant typique
un **autoservicio**	un self-service
la **propina**	le pourboire
un **restaurante de dos tenedores**	un restaurant à 2 fourchettes
el **servicio va incluido**	le service est compris

EL MOBILIARIO DE UN RESTAURANTE

LE MOBILIER D'UN RESTAURANT

la **alfombra**	le tapis
el **alumbrado**	l'éclairage

el **aparador**	le buffet
la **araña**	le lustre
el **asiento**	le siège
la **bombilla**	la lampe
el **buffet (el ambigú)**	le buffet (dans une réunion)
la **butaca**	le fauteuil
el **candelabro**	le candélabre
el **carro**	le chariot
el **carro de aperitivos**	la voiture bar
el **carro de entremeses**	la voiture à hors-d'œuvres
el **carro de pastelería**	la voiture de pâtisseries
el **carro de quesos**	la voiture à fromages
la **cortina**	le rideau
el **cortinón**	la tenture
el **cuadro**	le tableau
el **florero**	le vase
la **lámpara**	la lampe
la **mesa**	la table
la **mesa extensible**	la table à rallonges
abatible	à abattants
plegable	pliante
de alas	à abattants
el **tablero**	le dessus, le plateau
la **pata**	le pied
el **larguero**	la rallonge
el **parqué**	le parquet
la **percha**	le porte-manteau, le cintre
el **perchero**	le porte-manteau
el **paragüero**	le porte-parapluies
las **sillas**	les chaises
el **trinchero**	la desserte
el **velador**	le guéridon
un **restaurante amueblado**	un restaurant meublé
un **restaurante arreglado**	un restaurant réparé
un **restaurante empapelado**	un restaurant tapissé
un **restaurante fastuoso**	un restaurant fastueux
un **restaurante limpio**	un restaurant propre
un **restaurante polvoriento**	un restaurant poussiéreux

un **restaurante sucio** — un restaurant sale
un **restaurante suntuoso alfombrado** — un restaurant somptueux recouvert de moquette

una **banqueta de cuero** — une banquette de cuir
una **banqueta de molesquín** — une banquette de moleskine
una **banqueta de tela** — une banquette de tissu

EL MATERIAL — LE MATERIEL

la **bandeja** — le plateau

el **candelabro** — le chandelier
el **cascanueces** — le casse-noix
el **cenicero** — le cendrier
el **cesto** — le panier
el **convoy** — le vinaigrier et l'huilier
la **copa** — le verre à pied
la **cristalería** — le service de verres
la **cubertería** — les couverts
los **cubiertos de pescado** — les couverts à poisson
los **cubiertos de postre** — les couverts à dessert
el **cubo** — le seau
la **cuchara** — la cuiller
la **cucharilla** — la petite cuiller
el **cucharón** — la louche
el **cuchillo** — le couteau
  el **filo del cuchillo** — le tranchant
  un **cuchillo romo** — un couteau émoussé

el **descorchador** — le tire-bouchon

la **ensaladera** — le saladier

el **flambeador** — le réchaud
el **florero** — le vase de fleurs
el **frutero** — la coupe à fruits
la **fuente** — le plat de service

la **garrafa** — la carafe

la **huevera** — le coquetier

la **jarra de agua** — le pot à eau

el **lavadedos**	le rince-doigts
la **legumbrera**	le légumier
la **loza**	la faïence
el **mantel**	la nappe
la **mantelería**	le linge de table
la **mesa auxiliar**	la table de service
el **mostacero**	le moutardier
el **muletón**	le molleton
el **pimentero**	le poivrier
la **pinza para caracoles**	la pince à escargots
la **porcelana**	la porcelaine
el **plato**	l'assiette
el **plato liso**	l'assiette plate
el **plato trinchero**	l'assiette plate
el **plato de postre**	l'assiette à dessert
el **plato sopero**	l'assiette creuse
el **platillo**	la soucoupe
el **recipiente**	le récipient
el **salero**	la salière
la **salsera**	la saucière
la **servilleta**	la serviette de table
la **sopera**	la soupière
la **tapadera**	le couvercle
la **taza**	la tasse
la **taza con su platillo**	la tasse et sa soucoupe
el **tazón**	le bol
el **tenedor**	la fourchette
las **tijeras**	les ciseaux
la **vajilla**	la vaisselle
el **vaso**	le verre
la **vinagrera**	le vinaigrier

LA PLANTILLA — LE PERSONNEL

EN LA COCINA — DANS LA CUISINE

el **jefe de partida**	le responsable
el **jefe de cocina**	le chef de cuisine

el **jefe de cuarto frío**	le chef du garde-manger
el **jefe de caldos, sopas y entremeses**	le responsable des consommés, bouillons, l'entremetier
el **ayudante cocinero**	le commis
el **bodeguero**	le responsable de la cave le caviste
el **cafetero**	le responsable des cafés
el **carnicero**	le boucher
el **cocinero**	le cuisinier
el **dietético**	le diététicien
el **entremetier**	l'entremetier
el **fregador**	le plongeur
el **marmitón**	le marmiton
el **parrillero**	le cuisinier chargé des grillades le rôtissier
el **pastelero**	le pâtissier
el **pescadero**	le cuisinier chargé du poisson
el **pinche**	l'apprenti
el **repostero**	le boulanger-pâtissier
el **salsero**	le saucier

EN LA SALA DE RESTAURANTE — DANS LA SALLE DE RESTAURANT

el **aprendiz**	le commis de suite
el **ayudante**	le commis de rang
la **camarera**	la serveuse
el **camarero**	le serveur
el **jefe de sector**	le maître d'hôtel de carré
el **jefe de rango**	le chef de rang
el **maestresala**	le maître d'hôtel
el **maître**	le maître d'hôtel
el **sumiller**	le sommelier

EN EL BAR	AU BAR
el **ayudante**	le commis
el **barman**	le barman
el **camarero**	le serveur
el **jefe del bar**	le chef du bar

LAS CUALIDADES DE LA PLANTILLA	LES QUALITES DU PERSONNEL
la **amabilidad**	l'amabilité
amable	aimable
el **ardor**	l'ardeur
ardiente	ardent
la **constancia**	la constance
constante	constant
la **cortesía**	la politesse
cortés	courtois
el **cuidado**	le soin
cuidadoso	soigneux
la **delicadeza**	la délicatesse
delicado	délicat
el **despejo**	l'aisance
despejado	à l'aise
la **destreza**	l'habileté
la **discreción**	la sagesse, la discrétion
discreto	discret
la **exactitud**	l'exactitude
exacto	exact
la **formalidad**	le sérieux
formal	sérieux
la **habilidad**	l'habileté
hábil	habile
la **honradez**	l'honnêteté
honrado	honnête
la **maña**	l'adresse
mañoso	habile
el **orden**	l'ordre
ordenado	ordonné

la **paciencia**	la patience
paciente	patient
la **prudencia**	la prudence
prudente	prudent
el **respeto**	le respect
respetuoso	respectueux
la **reserva**	la réserve
reservado	réservé
la **sabiduría**	la sagesse
la **solicitud**	la sollicitude
solícito	empressé
el **valor**	le courage
valeroso	courageux

EL SERVICIO — LE SERVICE

servicio en la barra	service au comptoir
servicio esmerado	service soigné
servicio en el jardín	service au jardin
servicio en las mesas	service aux tables
servicio en la terraza	service sur la terrasse
una **mesa con mantel**	une table avec nappe
una **mesa sin mantel**	une table sans nappe
una **mesa de plástico**	une table en plastique
una **mesa bien asentada**	une table bien équilibrée
una **mesa despejada**	une table bien dégagée
una **silla plegable**	une chaise pliante
los **toldos**	les parasols
anotar el pedido	noter la commande
anotar la comanda	noter la commande
cargar o descargar la bandeja	remplir ou vider le plateau
comprobar una comanda	contrôler une commande
dar una propina	donner un pourboire
despedirse de los clientes	dire au revoir aux clients
entregar la carta	présenter la carte

entregar el guardarropa	donner le vestiaire
entregar el pedido, la comanda	remettre la commande
escanciar las bebidas	verser à boire
esperar que decidan	attendre qu'ils décident
pedir la cuenta	demander l'addition
poner ceniceros limpios	mettre des cendriers propres
presentar la cuenta	présenter l'addition
la **puesta a punto,** el **montaje**	la mise en place
quitar los ceniceros llenos	enlever les cendriers pleins
la recepción de los clientes	la réception des clients
recibir una propina	recevoir un pourboire
retirar las sillas	reculer les chaises
saludar	saluer
vaciar los ceniceros	vider les cendriers

LAS COMIDAS — LES REPAS

la **comida**	le repas
comer	manger
el **desayuno**	le petit déjeuner
desayunar	prendre son petit déjeuner
el **almuerzo**	le déjeuner
almorzar	déjeuner
la **merienda**	le goûter
merendar	goûter
la **cena**	le dîner
cenar	dîner
el **ambigú**	le lunch (repas rapide)
el **condumio**	le repas rapide et sans apprêt
la **colación**	la collation
un **refrigerio,** un **piscolabis**	une collation
un **tentempié**	un en-cas
el **ágape**	une agape
el **banquete**	un banquet
una **borrachera**	une beuverie
una **comilona**	un repas copieux, un gueuleton
un **convite**	une fête, un banquet
un **festín**	un festin
una **francachela**	un repas copieux, une bringue

un **guateque**	une fête avec buffet
una **orgía**	une orgie
buen provecho	bon appétit
¡ que aproveche !	bon appétit
la **carne**	la viande
una **cocina regional**	une cuisine régionale
comer a la carta	manger à la carte
comer en su casa	manger chez soi
comer fuera	manger au restaurant
comer en un periquete	manger en un clin d'œil
una **comida abundante**	un repas copieux
una **comida apetitosa**	un repas appétissant
una **comida fiambre**	un repas froid
una **comida indigesta**	un repas indigeste
una **comida nutritiva**	un repas nourrissant
una **comida rica**	un repas excellent
una **comida sabrosa**	un repas savoureux
una **comida sosa**	un repas fade
una **comida variada**	un repas varié
la **comida me sabe bien**	j'aime ce repas
el **comensal**	l'invité
de bebida	comme boisson
de postre	comme dessert
de primer plato	comme entrée
de segundo plato	comme plat principal
la **ensalada**	la salade
los **entremeses**	les hors-d'œuvres
estoy harto	je suis rassasié
la **fruta**	les fruits
un **hombre de buen diente**	qui mange beaucoup
el **huevo**	l'œuf
el **invitado**	l'invité
la **lista de los vinos**	la carte des vins
menú a precio fijo	menu à prix fixe
la **minuta**	la carte
el **pescado**	le poisson
un **plato combinado**	un plat unique
el **plato del día**	le plat du jour

poner la mesa	mettre le couvert
el **postre**	le dessert
el **queso**	le fromage
sentarse a la mesa	se mettre à table
ser de buen comer	être gros mangeur
la **sopa**	la soupe
tener buen saque	avoir un bon coup de fourchette

LAS BEBIDAS — LES BOISSONS

el **agua**	l'eau
el **agua fresca**	l'eau fraîche
el **agua mineral**	l'eau minérale
el **agua potable**	l'eau potable
el **agua sin gas**	l'eau naturelle
el **agua con gas**	l'eau gazeuse
el **café**	le café
el **café con leche**	le café au lait
el **café cortado**	le café crème
el **café solo**	le café noir
el **chocolate**	le chocolat
la **gaseosa**	la limonade
el **granizado de café**	le granité de café
la **horchata**	l'orgeat
el **jarabe**	le sirop
el **jugo de frutas**	le jus de fruits
la **leche**	le lait
la **leche en envase de cartón**	le berlingot de lait
el **vaso de leche**	le verre de lait
la **limonada**	la citronnade
la **naranjada**	l'orangeade
el **zumo**	le jus
el **zumo de limón**	le jus de citron
el **zumo de lata**	le jus en conserve

el **zumo natural**	le jus naturel
el **zumo recién preparado**	le jus que l'on vient de préparer
beber a chorro	boire à la régalade
una **bebida azucarada**	une boisson sucrée
una **bebida espumosa**	une boisson pétillante
una **bebida fortificante**	une boisson fortifiante
una **bebida malsana**	une boisson malsaine
una **bebida refrescante**	une boisson rafraîchissante
una **bebida sana**	une boisson saine
¡ salud !	à votre santé
tener buen saque	avoir une bonne descente
tener sed	avoir soif
vaciar de un trago	vider d'un trait

EL VINO — LE VIN

las **tierras viníferas**	le vignoble
la **vid,** la **viña**	la vigne
el **viñedo**	le vignoble
la **zona vitícola**	la zone de viticulture
acarrear la uva	transporter le raisin
almacenar	stocker
el **área vitícola**	la surface vinicole
la **bodega**	la cave
la **cepa**	le cep
la **variedad vinífera**	le cépage
combinación de varias clases de uvas	
la **cosecha,** la **vendimia**	la vendange
criar	produire
descobajar	égrapper
despalillar	égrapper
despampanar	épamprer

la **elaboración**	l'élaboration
embotellar	mettre en bouteille
el **emparrado,** la **parra**	la treille
encorchar	boucher
endulzar	sucrer
enfríar	refroidir
envejecer	vieillir
el **envejecimiento**	le vieillissement
estrujar, prensar	presser
fermentación lenta	fermentation lente
fermentación maloláctica	
fermentación tumultuosa	la fermentation
filtrar	filtrer
injertar	greffer
lagar	pressoir
madurar	mûrir
el **negocio vinícola**	une affaire de vins et spiritueux
podar	élaguer
seleccionar	sélectionner
la **tradición vinícola**	la tradition vinicole
trasegar	soutirer
el **trasiego**	le soutirage
la **zona de crianza**	la zone de production
la **zona productora**	la zone productrice
las **tierras albarizas**	les terres blanchâtres
las **margas calizas**	les marnes
las **tierras calizas**	les terres calcaires
las **tierras pizarrosas**	les terres ardoiseuses
la **vendimia**	la vendange
vendimiar	vendanger
vino añejo	vieux vin
vino blanco	vin blanc
vino de cava, granvás	champagne
vino de cava	méthode "champenoise"

vino clarete	clairet
vino de doble pasta	en ajoutant le marc
vino dulce	vin doux
vino espumoso	vin mousseux
vino generoso	vin généreux
vino licoroso	vin licoreux
vino de mesa	vin de table
vino rancio	vin de liqueur que l'on a laissé vieillir et qui devient doux et doré
vino rosado	vin rosé
vino seco	vin sec
vino semiseco	vin demi-sec
vino tinto	vin rouge
la **casca**	la peau
el **escobajo, raspón**	la rafle
los **granos**	les grains
el **mosto**	le moût
el **orujo**	le marc
el **pámpano**	le pampre
la **pasada**	le passerillage
la **pepita**	le pépin
el **poso**	la lie (marc)
el **poso**	le marc (café)
el **racimo**	la grappe
la **uva**	le raisin
la **barrica**	la barrique
la **bota** (Jerez)	le tonneau
cuba,	une cuve, un tonneau
estar borracho como una cuba	être saoûl comme une barrique
beber como una cuba	boire comme une éponge
las **garrafas, tina** (vidrio, Tarragona)	une dame-jeanne
el **porrón**	la cruche
el **roble**	le chêne
la **tinaja** (Toledo)	la jarre

el **tonel**	le tonneau
el **aroma,** la **fragancia**	le parfum
el **caldo**	le vin
la **finura**	la finesse
afrutado	fruité
ácido	acide
catar	goûter
el **catador**	le dégustateur
catavinos	taste-vin
con bouquet, abocado	qui a du bouquet
equilibrado	équilibré
escanciar	verser le vin
el **escanciador**	l'échanson
franco	franc
ligero	léger
redondo	rond
suave	doux
el **sumiller**	le sommelier

EL PAN — LE PAIN

el **bollo**	le petit pain
la **media noche**	un petit pain brioché (pour canapés)
el **pan de barra**	la baguette - le pain
el **pan blanco**	le pain blanc
el **pan casero**	le pain de ménage
el **pan de centeno**	le pain de seigle
el **pan duro**	le pain dur
el **pan de flor**	le pain de gruau
el **pan integral**	le pain complet
el **pan de lujo**	le pain de fantaisie
el **pan de molde**	le pain de mie
el **pan moreno**	le pain bis
el **pan sentado**	le pain rassis

el **pan tierno**	le pain frais
el **pan tostado**	le pain grillé
el **pan de Viena**	le pain viennois
el **panecillo**	le petit pain
el **pico**, el **colín**	le gressin, le longuet
pan con mantequilla	du pain et du beurre
untar pan con mantequilla	beurrer du pain
una **rebanada de pan**	une tartine, une tranche de pain
la **corteza**	la croûte
el **cuscurro**	le croûton
la **hogaza**	la miche
la **hornada**	la fournée
el **mendrugo de pan**	le morceau de pain, un quignon de pain
la **miga**	la mie
las **migas**	le pain perdu
una **tostada**	un toast
un **trozo de pan**	un morceau de pain
el **panadero**	le boulanger
la **panadería**	la boulangerie

LOS CONDIMENTOS / LES CONDIMENTS

LAS HIERBAS AROMATICAS / LES HERBES AROMATIQUES

la **albahaca**	le basilic
la **alcaparra**	la câpre
el **anís**	l'anis
el **azafrán**	le safran
las **bayas de enebro**	le genièvre
la **canela**	la canelle
el **clavo**	le clou de girofle
el **comino**	le cumin

el **curry**	le curry
el **chile**	le piment (fort)
el **hinojo**	le fenouil
el **jenjibre**	le gingembre
el **laurel**	le laurier
la **mostaza**	la moutarde
la **nuez moscada**	la noix muscade
el **orégano**	l'origan
la **pimienta**	le poivre
el **pimentón**	le piment rouge moulu
el **romero**	le romarin
la **sal**	le sel
el **tomillo**	le thym
una **comida salada**	un repas salé
una **comida salpimentada**	un repas poivré
una **comida sosa**	un repas fade
una **ensalada bien aderezada**	une salade bien assaisonnée
una **ensalada bien sazonada**	une salade bien assaisonnée
echar pimienta	mettre du poivre
echar sal	mettre du sel
salar	saler
pimentar	pimenter
poner a remojo	mettre à tremper
remojar	mettre à tremper

LOS QUESOS / LES FROMAGES

el **aroma**	l'arôme
intenso	intense
la **coagulación en cuba**	la coagulation en tonneau
agitación con movimientos rotatorios	mouvements rotatoires

calentado	réchauffé
con añadidura de cuajo	en ajoutant de la présure
con añadidura de fermento láctico	avec des ferments lactiques
cuajado	caillé
el **color**	la couleur
amarillo, amarillento	jaune, jaunâtre
blanco, blanquecino	blanc, blanchâtre
gris, grisáceo	gris, grisâtre
oscuro, moreno, pardo	sombre
verdoso, negruzco	verdâtre, noirâtre
veteado	veiné
la **conservación**	la conservation
las **bodegas**	les caves
las **cenizas**	les cendres
las **cuevas naturales**	les grottes naturelles
los **estantes de madera**	les étagères en bois
las **hojas**	les feuilles
la **sumersión en aceite**	la submersion dans l'huile
untar con aceite	graisser à l'huile
el **consumo**	la consommation
a los dos meses	au bout de deux mois
constante	constante
en fresco	au frais
inmediato	immédiate
la **corteza**	la croûte
agrietada	fendue
ahumada	fumée
con flor	légèrement moisie
dura, lisa, seca, firme	dure, lisse, sèche, ferme
endurecida, de poco espesor	durcie, peu épaisse
grasienta, untuosa	graisseuse, onctueuse
mohosa, enmohecimiento	moisie
el desuerado	l'égouttage
amasar	pétrir
desmenuzar la cuajada	réduire en miette le fromage
escurrir	égoutter
estrujar, prensar	presser
presión manual	pression manuelle
reposar	reposer
suero	petit lait
la **elaboración**	l'élaboration
artesanal	artisanale

casera	domestique
industrial	industrielle
la **fabricación estacional**	la fabrication saisonnière
la **forma**	la forme
aplanada	aplanie
cilíndrica, aplastada	cylindrique, aplatie
cúbica, troncónica	cubique, tronconique
con aristas redondeadas	à arêtes arrondies
con bordes redondeados	à bords arrondis
con cantos planos	à bords plats
con caras planas	à faces plates
de barra	en barre
de disco, discoidal	discoïdal
de torta	plate
piriforme	piriforme
redonda, circular	ronde
la leche	le lait
cruda	cru
descremada, desnatada	écrémé
la **mezcla**	le mélange
ordeñar la leche	traire le lait
pasteurizada	pasteurisé
la **vaca, oveja, cabra**	la vache, brebis, chèvre
maduración	maturation
humedad ambiental	humidité de l'environnement
lugares frescos y ventilados	lieux frais et aérés
voltear	retourner
moldeado	moulé
la **canastilla**	le panier
el **cincho, aro**	le cercle
el **molde agujereado**	le moule à trous
el **molde de barro**	le moule en terre cuite
el **molde de esparto**	le moule en sparte
el **molde de hojalata**	le moule en fer blanc
el **molde de madera**	le moule en bois
el **molde de mimbre**	le moule en osier
el **paño, lienzo, gasa**	le torchon, tissu, gaze
las **pleitas de esparto**	les tresses
los **ojos**	les trous
escasos, numerosos	rares, nombreux
redondos	ronds

la **pasta** — la pâte
blanda, semi dura, dura — molle, semi-molle, dure
compacta, firme — compacte, ferme
cremosa, pastosa, — crémeuse, pâteuse
prensada, fermentada — pressée, fermentée

el **queso** — le fromage
ahumado — fumé
añejo — vieux
curado, sudado — séché

el **requesón** — le fromage blanc

el **sabor** — la saveur, le goût
agradable, suave — agréable, doux
dulce, semidulce, fresco — doux, semi-doux, frais
fuerte, picante, ácido — fort, piquant, acide
salado, amargo — salé, amer

la **salazón sal gruesa o fina** — salaison au gros sel ou sel fin
en seco — à sec
esparcir por encima — étaler par dessus
espolvorear, rociar con sal — saupoudrer de sel
la **inmersión en salmuera** — l'immersion en saumure

LOS POSTRES — LES DESSERTS

el **almendrado** — la pâte d'amande
la **almendra garrapiñada** — la praline
el **arroz con leche** — le riz au lait

la **barquilla** — la gaufrette
el **bartolillo** — le chausson fourré
el **batido** — le milk-shake
el **bizcocho** — le biscuit
el **borracho** — le baba au rhum
el **brazo de gitano** — le biscuit roulé
el **budín** — le pudding
el **buñuelo** — le beignet

el **canutillo** — le puits d'amour
la **castaña glaseada** — le marron glacé
la **copa melba** — la coupe melba
un **pijama** — une pêche melba
el **churro** — le beignet

los **copos nevados**	l'île flottante
la **crema catalana**	la crème pâtissière caramélisée
la **crema pastelera**	la crème pâtissière
el **cucurucho helado**	un cornet de glace
la **isla flotante**	l'île flottante
la **ensaimada**	brioche, spécialité de Majorque
el **flan al caramelo**	la crème caramel, la crème renversée
la **fruta en almibar**	les fruits au sirop
las **frutas confitadas**	les fruits confits
la **galleta**	le gâteau sec
el **helado**	la glace
el **helado de corte**	la tranche de glace
la **hoja de palmera**	le palmier
el **hojaldre**	le feuilleté
la **macedonia de frutas**	la macédoine de fruits
la **magdalena**	la madeleine
una **manzana al caramelo**	une pomme au four
el **mazapán**	le massepain
el **melocotón en almibar**	des pêches au sirop
el **merengue**	la meringue
la **mermelada**	la confiture, la marmelade
el **milhojas**	le mille feuilles
la **natilla**	la crème anglaise
las **pastas**	les petits fours
el **pastel**	le gâteau
el **pastel de hojaldre**	le gâteau feuilleté
la **peladilla**	la dragée
el **pestiño**	
la **piña gratinada**	l'ananas à la glace
el **polvorón**	le sablé
el **roscón de reyes**	la galette des rois
la **rosquilla**	le petit four (style tuile, cigare)
las **soletillas**	les biscuits à la cuiller
el **soplillo**	le soufflé
la **tarta**	le gâteau, le gâteau glacé
el **tocino de cielo**	sucrerie d'Andalousie à base de jaune d'œuf

las **torrijas**	le pain perdu
el **turrón**	le touron (sorte de nougat)
la **yema**	sucrerie de la région d'Avila à base de jaune d'œuf

El restaurante = *Le restaurant*

Más vale llamar para reservar una mesa
Il vaut mieux téléphoner pour réserver une table

¿ Qué desean Ustedes ?
Que désirez-vous ?

¿ Qué quiere Usted tomar ?
Que prendrez-vous ?

Les aconsejo que tomen el menú de la casa
Je vous conseille de prendre le menu de la maison

Denos la carta por favor
Donnez-nous la carte, s'il vous plaît

Lo siento, esta mesa está reservada
Je regrette, cette table est réservée

Les voy a tomar el pedido
Je vais prendre la commande

No tengo mucha hambre
Je n'ai pas très faim

¿ Podría darme una ensalada mixta ?
Pourriez-vous me donner une salade composée ?

¿ Me puede traer una tortilla ?
Pourriez-vous m'apporter une omelette ?

Yo de primero, entremeses y de segundo merluza a la vasca
Moi, pour commencer des hors-d'œuvre, puis du colin basquaise

A mí el bacalao no me sienta bien
Moi la morue ne me réussit pas

¡ Qué lástima que no haya merluza !
Dommage qu'il n'y ait pas de colin !

Sería mejor que tu eligieras
Il vaudrait mieux que tu choisisses

Este camarero se merece una buena propina
Ce serveur mérite un bon pourboire

Camarero, se equivoca, no hemos pedido sopa
Garçon, vous vous trompez, nous n'avons pas demandé de potage

Hemos comido de lo lindo
Nous avons très bien mangé

Todo está riquísimo
Tout est excellent

Para terminar, un café solo
Pour terminer, un café noir

¿ No le molesta el humo ?
La fumée ne vous dérange-t-elle pas ?

¿ Me puede dar fuego ? Se me olvidó el mechero
Pouvez-vous me donner du feu ? J'ai oublié mon briquet

Está prohibido fumar
Il est interdit de fumer

BAR CAFETERIA

EL MATERIAL	LE MATERIEL
el **aspirador de humo**	la hotte aspirante
la **azucarera**	le sucrier
la **batidora**	le mixeur
la **bandeja**	le plateau
la **botella**	la bouteille
la **cafetera exprés**	la machine à café expresso
la **cafetera**	la cafetière
la **caña**	le verre
la **caña de cerveza**	le demi de bière
el **cascanueces**	le casse-noix
la **chocolatera**	la chocolatière
la **coctelera**	le shaker
la **copa**	le verre à pied
el **corcho**	le bouchon
el **cubo**	le seau
el **cubo de hielo**	le seau à glace
el **cubo de desperdicios**	la poubelle
el **descorchador**	le tire-bouchon

el **estante**	l'étagère
el **exprimelimones**	le presse-citron
el **filtro**	le filtre
el **frigorífico**	le réfrigérateur
el **gotero**	le goutte à goutte
la **jarra**	le pot à eau
la **máquina de picar hielo**	la machine à piler la glace
el **hielo picado**	la glace pilée
el **mezclador**	le mélangeur
el **molinillo de café**	le moulin à café
el **molino dosificador**	le moulin doseur
el **café en grano**	café en grains
la **parrilla eléctrica**	la plaque électrique
el **pico**	le bec verseur
el **pimentero**	le poivrier
la **pinza para el hielo**	la pince à glaçons
la **plancha**	le grill
los **platos**	les assiettes
los **platillos**	les soucoupes
el **recipiente**	le récipient
el **salero**	la salière
el **sifón**	le siphon
la **tetera**	la théière
el **tostador**	le grille-pain
el **trapo**	le torchon
el **vaso**	le verre

LAS TAPAS — LES AMUSE-GUEULE

las **aceitunas**	les olives
las **aceitunas negras**	les olives noires
las **aceitunas rellenas**	les olives farcies
las **aceitunas sevillanas**	les olives sévillanes
las **aceitunas verdes**	les olives vertes
las **aceitunas aliñadas**	les olives préparées
partidas	cassées
moradas	violettes
de cusquillo	niçoises
las **albóndigas**	les boulettes de viande

las **almejas**	les clovisses
las **almejas vivas**	les clovisses crues
las **almejas a la marinera**	les clovisses marinière
las **almendras**	les amandes
las **almendras peladas**	les amandes pelées
las **almendras saladas**	les amandes salées
las **almendras tostadas**	les amandes grillées
las **anchoas**	les anchois
el **atún**	le thon
el **atún en aceite**	le thon à l'huile
el **atún en escabeche**	la marinade de thon
las **avellanas**	les noisettes
las **banderillas,** los **pinchos,** los **palitos**	les amuse-gueule piqués sur un cure-dents
las **barquitas**	les barquettes (farcies)
los **berberechos**	les coques
el **bonito**	le thon
los **boquerones**	les anchois frais
los **cacahuetes**	les cacahuètes
los **cacahuetes tostados**	les cacahuètes grillées
los **calamares**	les calmars
los **calamares a la romana**	les calmars à la romaine
los **callos**	les tripes
los **callos picantes**	les tripes épicées
los **camarones**	les crevettes
los **caracoles**	les escargots
el **catsup**	la sauce tomate
el **chanchete**	le cochon de lait
los **champiñones**	les champignons
las **clochinas**	les moules
las **croquetas**	les croquettes
las **chirlas**	les petites clovisses
el **chorizo**	le chorizo (sorte de saucisson au piment)
los **chipirones**	les chipirons
las **empanadillas**	les petits pâtés
la **ensaladilla rusa**	la salade russe
las **gambas**	les grosses crevettes
las **gambas a la plancha**	les crevettes grillées
las **gambas al ajillo**	les crevettes au piment
el **jamón**	le jambon
el **jamón del país**	le jambon de pays
el **jamón serrano**	le jambon de montagne
el **jamón de York**	le jambon d'York

el **canutillo de jamón**	le rouleau de jambon
el **rollo**	le rouleau de jambon
el **maíz tostado**	le maïs grillé
el **maíz salado**	le maïs salé
los **mariscos**	les fruits de mer
la **mayonesa**	la mayonnaise
los **mejillones**	les moules
los **mejillones al vapor**	les moules à la vapeur
los **mejillones en escabeche**	une marinade de moules
la **mostaza**	la moutarde
las **navajas**	les couteaux
las **nécoras**	les étrilles
las **ostras**	les huîtres
las **palomitas**	le maïs grillé
las **patatas fritas**	les frites
las **patatas onduladas**	les chips gaufrées
los **percebes**	les anatifes, les pousse-pieds
los **pepinillos**	les cornichons
las **pipas**	les graines de tournesol
los **pulpitos**	les petites pieuvres
los **pulpitos en su tinta**	les petites pieuvres dans leur encre
el **queso**	le fromage
el **queso manchego**	le fromage de la Manche
un **taco de queso**	un petit carré de fromage
los **riñones**	les rognons
la **sardina**	la sardine
las **sardinas en espetones**	des brochettes de sardines
el **salchichón**	le saucisson
el **salmón ahumado**	le saumon fumé
la **sepia**	la seiche
las **setas**	les champignons
las **tellinas**	les coques
la **tortilla española**	l'omelette espagnole
el **servicio de tapas**	le service des amuse-gueule
la **batería de recipientes**	une série de récipients
los **quesos están bajo campanas**	les fromages sont sous cloche
las **tapas calientes**	les amuse-gueule chauds
las **tapas frías**	les amuse-gueule froids
una **vitrina de gran capacidad**	une grande vitrine

LOS BOCADILLOS	LES SANDWICHES
el **bocadillo**	le sandwich (pain normal)
el **bocadillo frío**	un sandwich froid
el **bocadillo caliente**	un sandwich chaud
el **bocadillo de chorizo**	un sandwich au "chorizo"
el **bocadillo de jamón**	un sandwich au jambon
el **bocadillo de lomo**	un sandwich à la viande
el **bocadillo de tortilla**	un sandwich à l'omelette
el **bocadillo de media noche**	un sandwich
el **bollo**	le petit pain
el **emparedado**	le sandwich (entre deux tranches de pain)
la **hamburguesa**	le hamburger
huevos a la plancha	œufs sur le plat
el **pan de molde**	le pain de mie
el **pan tostado**	le pain grillé
el **pepito**	le sandwich à la viande
el **perro caliente**	le hot dog
la **rebanada de pan**	la tranche de pain
el **sandwich club**	le sandwich à 2 étages (au pain de mie)
el **sandwich simple**	le sandwich simple
el **sandwich mixto**	le sandwich composé
la **tortilla**	l'omelette
la **testa = pan tostado + huevos revueltos**	pain grillé + œufs brouillés

LOS PLATOS COMBINADOS

es una comida completa	c'est un repas complet
hay que indicar el plato del día	il faut signaler le plat du jour
es una preparación rápida	c'est une préparation rapide
es una preparación sencilla	c'est une préparation simple
el **servicio en el mostrador**	le service au comptoir
el **surtido de platos**	le choix des plats

LAS BEBIDAS ALCOHOLIZADAS	LES BOISSONS ALCOOLISEES
el **aperitivo**	l'apéritif
un **aperitivo dulce**	un apéritif doux
un **aperitivo escarchado**	un apéritif givré
un **aperitivo seco**	un apéritif sec
un **aperitivo al agua**	un long drink
el **aguardiente**	l'eau de vie
el **anís**	l'anis
el **brandy**	le cognac
el **cava**	le champagne espagnol
el **champán**	le champagne français
el **champagne**	le champagne français
la **cerveza**	la bière
la **cerveza rubia**	la bière blonde
la **cerveza negra**	la bière brune
la **cerveza de barril**	la bière en barrique
la **cerveza de botellín**	la bière en bouteille, la canette
la **cerveza de lata**	la bière en boîte
la **cerveza a presión**	la bière pression
la **cerveza fría**	la bière froide
la **cerveza sin alcohol**	la bière sans alcool
el **tercio,**	33 cl
el **quinto,**	20 cl
la **caña**	un demi de bière
el **tanque,**	le bock, la chope
el **coñac**	le cognac
la **ginebra**	le gin
el **jerez dulce**	le Xéres doux
el **jerez seco**	le Xéres sec
el **licor**	la liqueur, le digestif
el **málaga**	le malaga
la **malvasía**	la Malvoisie
la **Manzanilla**	le Manzanilla
la **mistela**	la Mistelle
el **moscatel**	le Muscat
el **ponche**	le punch
el **ron**	le rhum

la **sidra**	le cidre
la **tequila**	la tequila
el **vermut**	le vermouth
el **bitter**	le vermouth sans alcool
el **vino blanco**	le vin blanc
el **vino rosado**	le vin rosé
el **vino clarete**	le vin rosé
el **vino tinto**	le vin rouge
el **vino de marca**	un vin de marque
el **vino de la casa**	le vin de la maison
el **whisky solo**	whisky sec
el **whisky con hielo**	le whisky avec des glaçons
el **whisky con agua**	le whisky à l'eau
el **whisky con soda**	le whisky soda

LOS COCTELES / LES COCKTAILS

el **carajillo**	le café arrosé au cognac
el **carajillo quemado**	le brûlot
un **coctel**	un cocktail
el **coctel de champaña**	cocktail au champagne
el **cuba libre = ron + hielo picado + coca**	= rhum + glace pilée + coca cola
el **cup = frutas picadas + brandy + hielo**	= fruits coupés + cognac + glace
el **gin tonic = ginebra + agua tónica**	= gin + tonic
la **limonada = valdepeñas + canela + melocotón**	= valdepeñas + canelle + pêches
la **margarita = tequila + sal + limón**	= tequila + sel + citron
la **palomita = anís dulce + agua**	= anis doux + eau
el **paso a nivel = 1/2 coñac + 1/2 anís**	= 1/2 cognac + 1/2 anis
el **raf = ron + hielo + ginebra**	= rhum + glace + gin
el **san francisco = vodka + zumo de naranja**	= vodka +jus d'orange

CAFES E INFUSIONES	CAFE ET INFUSIONS
el **café con leche**	le café au lait
el **café cortado**	le café crème
un **café corto**	un café serré
un **capuchino**	un café italien
un **café descafeinado**	un café décaféiné
un **café irlandés**	un irish coffee
un **granizado de café**	un granité de café
un **café largo**	un café allongé
un **café exprés**	un expresso
un **café moka**	un café moka
un **café nacional = café granizado + helado**	= café glacé + glace
los **posos del café**	le marc du café
una **infusión**	une infusion
el **anís estrellado**	l'anis étoilé
la **manzanilla**	la camomille
la **menta,** el **poleo**	la menthe
la **tila**	le tilleul
la **verbena**	la verveine
la **verónica**	la véronique
el **té con leche**	le thé au lait
el **té con limón**	le thé au citron
una **tisana,** una **agüita**	une tisane

LA MERIENDA	LE GOUTER
el **cacao en polvo**	cacao en poudre
el **cacao soluble**	le cacao soluble
el **chocolate**	le chocolat
el **chocolate español = espeso**	= épais
el **chocolate francés = claro**	= peu épais
una **jarra de chocolate**	un pot de chocolat
una **jícara de chocolate**	une tasse de chocolat
remover el chocolate con una cucharilla	remuer le chocolat avec une petite cuillère
verter el chocolate en la taza	verser le chocolat dans la tasse

una **servilleta de papel**	une serviette en papier
té con pastas	du thé avec des petits gâteaux
un **vaso de leche**	un verre de lait
para los golosos ver la hoja de los pasteles	pour les gourmands voir la page des gâteaux

La cafetería = *la cafeteria*

A mí me apetece una caña bien fresca
J'ai envie d'un demi bien frais

A mí me chiflan los churros
Je raffole des beignets

Buen provecho
Bon appétit

Brindemos por ellas
Portons-leur un toast

Camarero, póngamos tapas
Garçon, donnez-nous des amuse-gueule

¿ Qué tiene de tapas ?
Qu'avez-vous comme amuse-gueule ?

Vamos de tapeo
Allons manger quelques amuse-gueule

¿ Y de beber, qué ?
Qu'allons-nous boire ?

¿ Qué pides para abrir boca ?
Que veux-tu pour ouvrir l'appétit ?

Te convido a tomar unas cuantas tapas
Je t'invite à manger quelques amuse-gueule

¿ De qué tienes ganas ?
De quoi as-tu envie ?

¿ Qué te apetece ?
Qu'est-ce qui te ferait plaisir ?

¿ Qué tomarán Vd ?
Que prendrez-vous ?

Es mi ronda
C'est ma tournée

Yo pago la segunda ronda
Je paie la deuxième tournée

Me toca invitaros
C'est à moi de vous inviter

Vació su copa de un trago
Il vida son verre d'un trait

Los Españoles suelen tomar café y coñac después de la comida
Les Espagnols ont l'habitude de prendre le café et un cognac après le repas

¡ Qué café más fuerte !
Que ce café est fort !

Póngame más agua caliente en la tetera, por favor
Ajoutez-moi de l'eau chaude dans la théière, s'il vous plaît

¿ Te apetecería tomar una copa de jerez ?
Aimerais-tu prendre un verre de Xeres ?

¿ No quieres que te sirva otra copa ?
Tu ne veux pas que je te serve un autre verre ?

¿ Por qué no vamos al bar de al lado ?
Et si on allait au bar d'à côté ?

¿ Y si fuéramos al bar de en frente ?
Et si nous allions au bar d'en face ?

¿ Te apetece que vayamos a un chiringuito ?
As-tu envie d'aller dans un petit troquet ?

Eso depende de ti
Cela dépend de toi

Achevé d'imprimer en France en octobre 2008
par Clerc s.a.s. 18200 Saint-Amand-Montrond
N° d'impression : 9808

ISBN 978-2-7135-1226-1

Code 409